中等职业教育财经商贸大类专业系列教材

配套教学用书

Shuifei Jisuan Yu Zhineng Shenbao

Daoxue Yu Xiti

税费计算与智能申报

导学与习题

王兆立　刘春胜　王爱民　高志艳　主　编

东北财经大学出版社　　大连

Dongbei University of Finance & Economics Press

图书在版编目（CIP）数据

税费计算与智能申报：导学与习题/王兆立等主编．—大连：东北财经
大学出版社，2024.2

（中等职业教育财经商贸大类专业系列教材）

ISBN 978-7-5654-5133-1

Ⅰ．税… Ⅱ．王… Ⅲ.①税费–计算–中等专业学校–教材②纳税–税收管
理–中国–中等专业学校–教材 Ⅳ.①F810.423②F812.42

中国国家版本馆CIP数据核字（2024）第029638号

东北财经大学出版社出版

（大连市黑石礁尖山街217号 邮政编码 116025）

网 址：http://www.dufep.cn

读者信箱：dufep@dufe.edu.cn

大连雪莲彩印有限公司印刷 东北财经大学出版社发行

幅面尺寸：185mm×260mm 字数：162千字 印张：7.5

2024年2月第1版 2024年2月第1次印刷

责任编辑：周 欢 徐 群 责任校对：一 心

封面设计：原 皓 版式设计：原 皓

定价：25.00元

前　言

　　教育部等九部门印发的《职业教育提质培优行动计划（2020—2023年）》提出，加强职业教育教材建设，注重吸收行业发展的新知识、新技术、新工艺、新方法，校企合作开发专业课教材。一方面，该计划强调了职业教育教材建设的重要性；另一方面，该计划指出了教材建设的方法和路径。教材是知识的载体和教学的依据，做好职业教育教材建设，是推动职业院校课堂教学革命，提升课堂教学质量的重要保障。

　　本教材是主教材《税费计算与智能申报》的配套教学用书。为了紧跟我国税制改革的步伐，对接《中等职业教育专业简介（2022年）》的基本要求，我们组织了《税费计算与智能申报——导学与习题》的编写。

　　本教材具有以下突出特点：

　　一是更好地体现了以课后习题为主、学习指导为辅的原则。本教材的内容框架包括"知识框架""重点难点""学习指导""同步练习"等板块。"同步练习"根据教学需要，依据主教材内容设置了单项选择题、多项选择题、判断题、计算题和实训题等题型，能有效满足不同层次学生的学习及训练需要。

　　二是为更有效地加强学生的实际操作能力，使其系统掌握增值税网上智能申报的流程，紧跟国家"金税四期"改革，在项目二增加了电子发票培训视频、增值税发票勾选认证流程操作和增值税网上申报的教学视频演示，供学生观看学习。

　　本教材由王兆立、刘春胜、王爱民、高志艳担任主编，由于传龙、刘珂、管艳梅、孙慧、孙玲珑、庞润泽和徐杰担任副主编。参加编写的还有临沂市商业学校宋晓明，济宁市高级职业学校王美静、李佰领，聊城高级财经职业学校代文宁、李娅慧，临沂市信息工程学校李云艳、崔晓涵，临沂市工业学校杨宇、张彩红，临沂市工程学校郭远博，临沂市机电工程学校刘小绯，临沂市农业学校李美玲，临沂市经济学校刘伟，临沂市高级财经学校刘娜、郭玲。本教材由王兆立负责总纂并定稿。山东省教育科学研究院正高级讲师于家臻也对本书提出了宝贵意见，在此表示感谢。

　　由于编写人员水平有限，加之编写时间仓促，书中疏漏、不足之处在所难免，敬请专家、同仁及读者批评指正。

编　者

2024年1月

目 录

项目一　税收基本知识

知识框架

认识税收
- 一、税收的概念
- 二、税收的特征：强制性、无偿性、固定性
- 三、税收制度构成要素：纳税人、征税对象、税率、纳税环节、纳税期限、纳税地点、减免税
- 四、税收分类：分类角度包括征税对象、收入归属权、计税依据、税价关系、税负转嫁

纳税事项
- 一、税务登记的概念
- 二、税务登记的内容：设立（开业）税务登记、变更税务登记、注销税务登记
- 三、信息报告：一照一码户信息确认、存款账户账号报告、财务会计制度及核算软件备案报告、银税三方(委托)划缴协议、发票管理

任务1.1 认识税收

重点难点

1.税制要素的基本含义。
2.税收分类的内容。

学习指导

1.结合财政知识理解税收的概念和特征。国家为了实现其职能，需要大量的财政资金，税收是国家取得财政收入的一种主要方式，具有其他财政收入方式不可取代的作用。税收的固定性保证了财政收入的及时和源源不断；税收的无偿征收，最适用于满足公共需要的开支。因此，税收收入成为政府收入的主要来源。

税收的三个基本特征是缺一不可的，判断一种财政收入是不是税收，主要是看它是否同时具有这三个特征。

2.结合具体税种理解税制要素的基本含义。每个税种都不外乎以下要素：纳税人、征税对象、税率、纳税环节、纳税期限、纳税地点和减免税等。其中，纳税人、征税对象和税率是构成税收制度的三个基本要素。

同步练习

一、单项选择题（在每小题列出的四个选项中，只有一项符合题目要求，请将符合题目要求的选项选出）

1.免征额是指在某个数额中免于征税的数额，"某个数额"是指（　　）。

A.征税项目　　　　　　　　　　　　B.应征税的数额

C.征税对象扣除额　　　　　　　　　D.征税对象总额

2.对同一征税对象，无论其数额大小，都按照相同比例征税的税率是（　　）。

A.累进税率　　　　B.比例税率　　　　C.定额税率　　　　D.幅度税率

3.按征税对象的单位直接规定固定征税数额的税率是（　　）。

A.比例税率　　　　B.累进税率　　　　C.定额税率　　　　D.幅度税率

4.在税制构成要素中，能够区别不同类型税种的主要标志是（　　）。

A.税率　　　　B.征税对象　　　　C.纳税人　　　　D.纳税期限

5.在计算工资、薪金所得的个人所得税时，允许按扣除5 000元后的金额计算应纳税额，该5 000元指的是（　　）。

A.起征点　　　　B.免征额　　　　C.税率式减免　　　　D.税额式减免

6.企业所得税的税率形式是（　　　）。

A.累进税率　　　　B.定额税率　　　　C.比例税率　　　　D.其他税率

7.在税制构成要素中，具体规定应当征税的项目，对征税对象具体化的是（　　　）。

A.计税依据　　　　B.征税对象　　　　C.税目　　　　D.纳税人

8.下列各项税收中，属于中央税的是（　　　）。

A.增值税　　　　B.消费税　　　　C.房产税　　　　D.企业所得税

9.下列税制构成要素中，衡量纳税人税收负担轻重的重要标志是（　　　）。

A.计税依据　　　　B.减免税　　　　C.税率　　　　D.征税对象

10.下列各项中，税种按税负是否转嫁分类的是（　　　）。

A.所得税　　　　B.行为税　　　　C.直接税　　　　D.复合税

11.从税收分类角度来看，下列说法正确的是（　　　）。

A.增值税是流转税、价外税、共享税　　　B.消费税是流转税、价内税、直接税

C.消费税是流转税、价外税、间接税　　　D.房产税是资源税、从量税、共享税

12.下列各项中，属于按征税对象分类的是（　　　）。

A.价外税　　　　B.行为税　　　　C.中央税　　　　D.从价税

13.采用比例税率计算应纳税额的是（　　　）。

A.企业进口高档化妆品缴纳的消费税　　　B.个人工资收入缴纳的个人所得税

C.转让房地产缴纳的土地增值税　　　D.企业生产啤酒缴纳的消费税

14.下列税种中，采用从价征收的税种是（　　　）。

A.企业所得税　　　　B.耕地占用税　　　　C.车船税　　　　D.消费税

15.下列各项中，属于地方税的是（　　　）。

A.增值税　　　　B.房产税　　　　C.企业所得税　　　　D.消费税

二、多项选择题（在每小题列出的四个选项中，有两项或两项以上符合题目要求，请将符合题目要求的选项选出）

1.下列各项中，属于税收特征的有（　　　）。

A.灵活性　　　　B.强制性　　　　C.无偿性　　　　D.固定性

2.构成税制三个基本要素的有（　　　）。

A.税目　　　　B.纳税人　　　　C.税率　　　　D.征税对象

3.下列税种中，属于地方税的有（　　　）。

A.增值税　　　　B.房产税　　　　C.车船税　　　　D.土地增值税

4.下列各项中，属于税制构成要素的有（　　　）。

A.税目　　　　B.税率　　　　C.计税依据　　　　D.负税人

5.下列关于减免税的说法，正确的有（　　　）。

A.减税是对应纳税额减征一部分税款，免税是对应纳税额全部免征

B.征税对象数额没有达到起征点的不征税，达到起征点的就其全部数额征税

C.工资、薪金所得低于免征额5 000元不征税，对超过5 000元的部分征税

D.减免税是对某些纳税人和征税对象给予鼓励和照顾的一种措施

6.实行累进税率的税种有（　　　）。

A.增值税　　　　B.土地增值税　　　　C.个人所得税　　　　D.城镇土地使用税

7.在我国现行税制中，实行的税率形式有（　　　　）。

A.比例税率　　　　B.定额税率　　　　C.超额累进税率　　　　D.超率累进税率

8.下列关于征税对象的说法，正确的有（　　　　）。

A.征税对象是税收法律关系中权利和义务所指的对象

B.征税对象是一种税区别于另一种税的主要标志

C.消费税的征税对象为应税消费品

D.个人所得税的征税对象为应纳税所得额

9.下列属于纳税期限形式的有（　　　　）。

A.按期征收　　　　　　　　　　B.按次征收

C.按年计征，分期预缴　　　　　D.按日征收

10.在我国现行的下列税种中，属于行为税类的有（　　　　）。

A.房产税　　　　B.印花税　　　　C.车辆购置税　　　　D.城镇土地使用税

11.下列各项中，属于财产税类的有（　　　　）。

A.房产税　　　　B.车船税　　　　C.车辆购置税　　　　D.契税

12.下列各项中，属于中央和地方共享税的有（　　　　）。

A.增值税　　　　B.个人所得税　　　　C.企业所得税　　　　D.车船税

13.根据我国税法的规定，增值税属于（　　　　）。

A.流转税　　　　B.间接税　　　　C.共享税　　　　D.从价税

14.下列各项中，属于税制基本要素的有（　　　　）。

A.征税人　　　　B.纳税人　　　　C.征税对象　　　　D.计税依据

15.按照计税标准不同分类，税收可分为从价税、从量税和复合税。下列说法正确的有（　　　　）。

A.从价税是以征税对象的价格作为计税依据

B.从量税是以征税对象的实物量作为计税依据，一般采用定额税率

C.复合税是指对征税对象采用从价和从量相结合的计税方法征收的一种税

D.对卷烟、白酒等征收的消费税，采用从价和从量相结合的计税方法

三、判断题（判断正误，正确的打"√"，错误的打"×"）

1.税收是国家为了满足一般的社会共同需要，凭借政治权力，按照国家法律规定的标准，强制地、无偿地取得财政收入的一种分配形式。　　　　　　　　（　　　）

2.纳税人和负税人有时一致，有时不一致。　　　　　　　　　　　　　（　　　）

3.定额税率实行从量计征，税额大小与价格无关。　　　　　　　　　　（　　　）

4.负税人是税法中规定的纳税人。　　　　　　　　　　　　　　　　　（　　　）

5.征税对象是一种税区别于另一种税的主要标志。　　　　　　　　　　（　　　）

6.就流转税而言，纳税人和负税人一致。　　　　　　　　　　　　　　（　　　）

7.计税依据是计算应纳税额的依据或标准，是区别不同税种的重要标志。（　　　）

8.纳税期限是指税法规定的纳税人在纳税义务发生后向国家缴纳税款的最后期限。

（　　　）

9.如果税法规定某一税种的起征点是 10 000 元，那么超过该起征点的，只对超过 10 000 元的部分征税。 （ ）

10.减免税是指国家对某些纳税人和征税对象给予鼓励和照顾的一种特殊规定。
（ ）

11.纳税人可以是自然人，也可以是法人或其他组织。 （ ）

12.按计税依据划分，税收可分为价内税和价外税。 （ ）

13.中央税是指对中央企业征收的税，地方税是指对地方企业征收的税。 （ ）

14.中央税是指由中央税务机关征收的税，地方税是指由地方税务机关征收的税。
（ ）

15.按税收管理和使用权限分类，中央税包括消费税、增值税、车船税等。 （ ）

四、计算题（要求列出计算步骤，运算得数精确到小数点后两位）

甲、乙、丙三人当月收入分别为 9 999 元、10 000 元、10 001 元。

（1）如果规定起征点为 10 000 元，适用税率为 10%，那么甲、乙、丙三人分别应缴纳多少税款？

（2）如果规定免征额为 10 000 元，适用税率为 10%，那么甲、乙、丙三人分别应缴纳多少税款？

参考答案

任务 1.2　纳税事项

🖊 重点难点

1.各类税务登记的基本规定。

2."五证合一"的办证流程。

📚 学习指导

1.明确税务登记、纳税信息管理和发票管理是纳税申报工作的基础和前提，是税务机关对纳税人实施税收管理的基础工作，也是纳税人必须依法履行的义务。

2.重点掌握信息报告、发票领用与缴销等基本知识。

同步练习

一、单项选择题（在每小题列出的四个选项中，只有一项符合题目要求，请将符合题目要求的选项选出）

1.税务登记不包括（   ）。

A.开业登记   B.变更登记   C.注销登记   D.核定应纳税额

2.税务登记是整个税收征收管理的（   ）。

A.起点   B.中间环节   C.终点   D.末端

3.自（   ）起，全国实行"五证合一、一照一码"登记制度。

A.2016年10月1日   B.2015年10月1日

C.2015年12月1日   D.2016年12月1日

4."五证合一、一照一码"登记制度涉及的部门不包括（   ）。

A.质监部门   B.人力社保部门   C.税务部门   D.公安部门

5."五证合一"中的"五证"不包括（   ）。

A.组织机构代码证   B.税务登记证

C.社会保险登记证   D.安全经营许可证

二、多项选择题（在每小题列出的四个选项中，有两项或两项以上符合题目要求，请将符合题目要求的选项选出）

1.税务登记的种类包括（   ）。

A.设立登记   B.停业复业登记   C.注销登记   D.变更登记

2.在下列情况下，企业需要办理变更登记的有（   ）。

A.改变开户银行   B.改变住所但不改变主管税务机关

C.改变法定代表人   D.增减注册资本

3.根据相关法律法规的规定，当纳税人发生下列情形时，应办理注销税务登记的有（   ）。

A.破产   B.改变住所并改变主管税务机关

C.被吊销营业执照   D.暂停经营活动

4."五证合一"中的"五证"除了工商营业执照外，还包括（   ）。

A.组织机构代码证   B.税务登记证

C.社会保险登记证   D.统计登记证

5.自2016年12月1日起，对个体工商户全面实施"两证合一"，这"两证"包括（   ）。

A.营业执照   B.税务登记证

C.社会保险登记证   D.统计登记证

三、判断题（判断正误，正确的打"√"，错误的打"×"）

1.个人（包括个体户和自然人）只要发生应税行为都应办理税务登记。   （   ）

2.一个企业主体只拥有一个统一社会信用代码，一个统一社会信用代码只赋予一个企业主体。   (   )

3."五证合一、一照一码"登记制度是指企业登记时由市场监管、质监、税务、人力社保、统计五个部门分别核发不同证照，改为由市场监管部门独自核发办理。(   )

4.纳税信用A级的纳税人可一次领取不超过3个月的增值税发票用量，纳税信用B级的纳税人可一次领取不超过2个月的增值税发票用量。   (   )

5.已经开具的发票存根联和发票领用簿，应当保存3年。   (   )

参考答案

项目二　增值税计算与智能申报

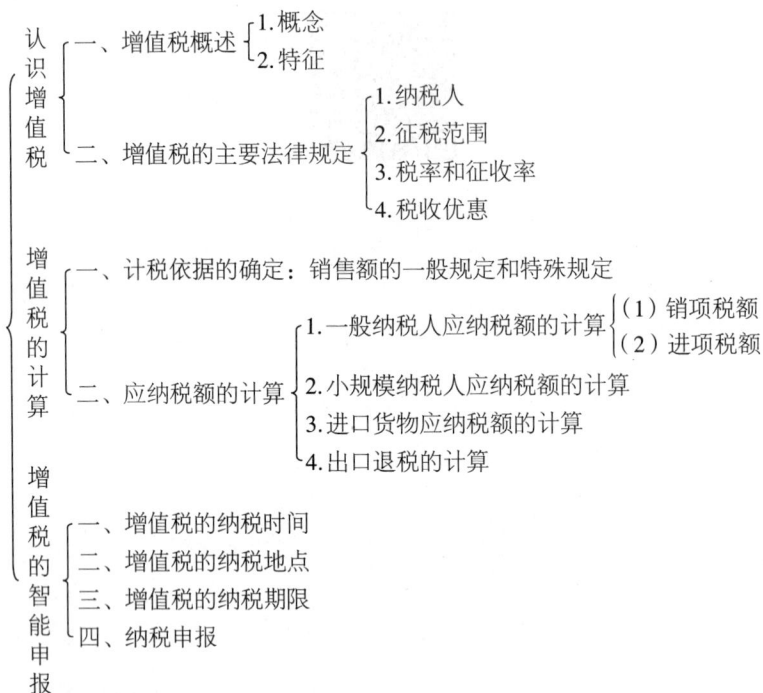

知识框架

认识增值税
- 一、增值税概述
  - 1.概念
  - 2.特征
- 二、增值税的主要法律规定
  - 1.纳税人
  - 2.征税范围
  - 3.税率和征收率
  - 4.税收优惠

增值税的计算
- 一、计税依据的确定：销售额的一般规定和特殊规定
- 二、应纳税额的计算
  - 1.一般纳税人应纳税额的计算
    - （1）销项税额
    - （2）进项税额
  - 2.小规模纳税人应纳税额的计算
  - 3.进口货物应纳税额的计算
  - 4.出口退税的计算

增值税的智能申报
- 一、增值税的纳税时间
- 二、增值税的纳税地点
- 三、增值税的纳税期限
- 四、纳税申报

任务2.1　认识增值税

重点难点

1.纳税人、征税范围及税率的基本规定。

2.视同销售行为、进项税额扣除的税务处理。

学习指导

1.结合会计知识理解视同销售行为。课程中已介绍过将自产货物用于非销售用途相应的会计处理，应将视同销售行为的内容与会计处理一一对照学习。

2.结合会计知识理解进项税额扣除内容，应将进项税额扣除的内容与会计处理一一对照学习。

同步练习

一、单项选择题（在每小题列出的四个选项中，只有一项符合题目要求，请将符合题目要求的选项选出）

1.增值税是对货物或者服务的流转额征收的一种流转税，计税依据是（　　）。

A.营业额　　　　　　　　　　B.销售额

C.收入额　　　　　　　　　　D.增值额

2.按照《中华人民共和国增值税暂行条例》的规定，下列业务中不征收增值税的是（　　）。

A.销售大型机床　　　　　　　B.提供电信服务

C.销售自来水　　　　　　　　D.被保险人获得的保险赔付

3.下列业务中，按规定应征收增值税的是（　　）。

A.存款利息

B.保险业务

C.被保险人获得的保险赔付

D.资产重组中涉及的不动产、土地使用权转让行为

4.根据《中华人民共和国增值税暂行条例》的规定，增值税一般纳税人兼营不同增值税税率的货物，未分别核算不同税率货物销售额的，确定其适用增值税税率的方法是（　　）。

A.适用3%的征收率　　　　　　B.适用从低税率

C.适用平均税率　　　　　　　D.适用从高税率

5.下列各项中，属于增值税的征税范围的是（　　　）。

A.住宅专项维修资金　　　　　　　　B.保险赔款

C.资产有偿转让　　　　　　　　　　D.资产重组

6.下列各项中，应按6%的税率缴纳增值税的是（　　　）。

A.提供不动产租赁服务　　　　　　　B.提供建筑服务

C.提供金融服务　　　　　　　　　　D.销售住房

7.下列各项中，应按9%的税率缴纳增值税的是（　　　）。

A.提供有形动产租赁服务　　　　　　B.提供金融服务

C.提供房屋租赁服务　　　　　　　　D.提供旅游服务

8.下列各项中，应按5%的征收率缴纳增值税的是（　　　）。

A.进口固定资产设备的企业　　　　　B.销售房屋（购买不足2年）的自然人

C.零售杂货的个体户　　　　　　　　D.生产销售自然资源的矿业公司

9.根据增值税法律制度的规定，下列关于增值税的说法，不正确的是（　　　）。

A.除国务院另有规定外，纳税人出口货物税率为零

B.纳税人提供加工、修理修配劳务，适用税率为13%

C.农业生产者销售自产农作物，适用9%的增值税税率

D.纳税人兼营不同税率的货物或者应税劳务，应当分别核算不同税率货物或者应税劳务的销售额

10.下列行为必须视同销售货物，应征收增值税的是（　　　）。

A.某商店为厂家代销服装

B.某公司将外购饮料用于个人消费

C.某企业将外购钢材用于建设职工澡堂

D.某企业将外购食品用于职工福利

11.某工业企业（一般纳税人）发生的下列行为中，应视同销售货物计算增值税销项税额的是（　　　）。

A.将购买的货物用于集体福利

B.将购买的货物用于个人消费

C.将购买的货物用于对外投资

D.将购买的货物用于生产应税产品

12.下列经营行为属于混合销售行为的，应按销售货物缴纳增值税的是（　　　）。

A.某农村供销社既销售适用税率为13%的家用电器，又销售适用税率为9%的化肥、农药等

B.某家具厂既批发家具，又对外承揽室内装修业务

C.某家电销售公司向消费者销售空调，并实行有偿安装

D.某娱乐公司在提供歌舞服务的同时，销售烟酒饮料

13.下列混合销售行为中，应按照销售服务征收增值税的是（　　　）。

A.KTV歌厅提供唱歌服务，并销售酒水

B.商店销售晾衣架，并实行有偿安装

C.商场销售化肥,并实行有偿送货上门

D.超市销售电脑,并实行有偿升级服务

14.增值税税率设置两档低税率,即（　　　　）。

A.9%和3%　　　　　　　　　　　B.9%和6%

C.6%和3%　　　　　　　　　　　D.3%和0

二、多项选择题（在每小题列出的四个选项中,有两项或两项以上符合题目要求,请将符合题目要求的选项选出）

1.按照相关法律法规的规定,下列各项中应登记为小规模纳税人的有（　　　　）。

A.年不含税销售额在500万元以下、会计核算制度不健全的从事货物生产的纳税人

B.年不含税销售额超过500万元的从事货物批发的纳税人

C.年不含税销售额在500万元以下、会计核算制度不健全的从事货物零售的纳税人

D.年不含税销售额为600万元、会计核算制度健全的从事货物生产的纳税人

2.现行政策规定,下列纳税人应视同小规模纳税人征税的有（　　　　）。

A.年应税销售额达到700万元的某工厂

B.年应税销售额达到300万元的某商场

C.年应税销售额达到600万元的个人张某

D.年应税服务额达到800万元的某运输公司

3.以下不属于增值税一般纳税人的有（　　　　）。

A.会计核算不健全的、年应税销售额未超过小规模纳税人标准的企业

B.非企业性单位

C.不经常发生增值税应税行为的企业

D.除个体经营者以外的其他个人

4.下列关于增值税的说法,正确的有（　　　　）。

A.增值税是价外税

B.纳税人提供有形动产租赁服务,适用的增值税税率为13%

C.增值税的纳税人按其经营范围大小,分为一般纳税人和特殊纳税人

D.增值税是以商品或者服务在流转过程中产生的收入额作为计税依据而征收的一种流转税

5.下列关于增值税的说法,正确的有（　　　　）。

A.在中国境内销售货物、服务、无形资产或不动产以及进口货物的单位和个人,为增值税的纳税人

B.电力、热力和气体不属于有形动产,因此销售此类产品不征收增值税

C.增值税的征税范围已覆盖服务业

D.房屋属于不动产,销售房屋还未纳入增值税的征税范围

6.根据增值税法律制度的规定,下列各项属于增值税的征税范围的有（　　　　）。

A.进口货物　　　　　　　　　　　B.农民出售自产农业初级产品

C.修理汽车　　　　　　　　　　　D.服装加工劳务

7.根据增值税法律制度的规定,下列产品中,适用税率为9%的有（　　　　）。

A.锅炉 B.自来水

C.饲料 D.居民用煤炭制品

8.下列项目中，属于增值税的征税范围的有（　　　）。

A.广告设计 B.会议展览

C.技术咨询 D.接受保险赔付服务

9.下列业务中，应按9%的税率缴纳增值税的有（　　　）。

A.公路运输服务 B.水路运输服务

C.管道运输服务 D.航空运输服务

10.根据增值税法律制度的规定，纳税人提供下列劳务应按13%的税率缴纳增值税的有（　　　）。

A.汽车的修配 B.房屋的修理

C.房屋的装潢 D.受托加工白酒

11.下列业务中，按规定应按13%的税率征收增值税的有（　　　）。

A.房屋租赁业务 B.设备经营租赁业务

C.设备融资租赁业务 D.土地租赁业务

12.下列服务业中，按规定应征收增值税的有（　　　）。

A.交通运输服务 B.邮政服务

C.物流辅助服务 D.广播影视服务

13.应税交通运输业包括（　　　）。

A.陆路运输服务 B.水路运输服务

C.航空运输服务 D.物流辅助服务

14.下列业务中，按规定应按13%的税率征收增值税的有（　　　）。

A.销售电力 B.销售大型设备

C.销售不动产 D.转让土地使用权

15.根据增值税法律制度的规定，视同销售行为应当征收增值税的事项有（　　　）。

A.将购买的货物分配给股东

B.将购买的货物委托外单位加工

C.将购买的货物无偿赠送他人

D.将购买的货物用于集体福利

16.根据扣除项目中对外购固定资产的处理方式不同，增值税可分为（　　　）。

A.生产型增值税 B.收入型增值税

C.消费型增值税 D.调节型增值税

17.根据增值税法律制度的规定，下列情形不属于在境内提供应税服务的有（　　　）。

A.境外单位或者个人向境内单位或者个人提供完全在境外消费的应税服务

B.境外单位或者个人向境内单位或者个人提供完全在境内消费的应税服务

C.境外单位或者个人向境内单位或者个人出租完全在境外使用的有形动产

D.境外单位或者个人向境内单位或者个人出租在境内使用的不动产

18.下列关于增值税税率的说法，正确的有（　　　）。

A.自来水、暖气、煤气、居民用煤炭制品等适用9%的税率

B.饲料、化肥、农药、农机（不包括农机零部件）等适用9%的税率

C.单位和个人提供的国际运输服务、向境外单位提供的研发服务和设计服务的适用税率为0

D.纳税人提供适用不同税率的应税服务，应当分别核算适用不同税率的销售额；未分别核算的，从高适用税率计税

三、判断题（判断正误，正确的打"√"，错误的打"×"）

1.我国现行增值税的征税范围只涉及货物和加工、修理修配劳务，不涉及服务。
　　　　　　　　　　　　　　　　　　　　　　　　　　　　（　　　）

2.货物收入缴纳增值税，服务收入缴纳消费税。　　　　　　　（　　　）

3.我国增值税税率包括13%、9%、6%及适用于出口货物或服务的零税率。（　　　）

4.提供交通运输服务、邮政服务，适用的增值税税率为9%。　　（　　　）

5.增值税的征税范围包括在中国境内销售货物、服务、无形资产或不动产以及进口货物。
　　　　　　　　　　　　　　　　　　　　　　　　　　　　（　　　）

6.单位或个体经营者聘用的员工为本单位或雇主提供加工、修理修配劳务，不属于增值税的征税范围。
　　　　　　　　　　　　　　　　　　　　　　　　　　　　（　　　）

7.增值税纳税人按会计核算水平和利润规模，分为普通纳税人和特殊纳税人。
　　　　　　　　　　　　　　　　　　　　　　　　　　　　（　　　）

8.光租业务和干租业务属于交通运输业，按9%的税率缴纳增值税。（　　　）

9.小规模纳税人销售货物，按3%的征收率计算应纳税额，不得抵扣进项税额。
　　　　　　　　　　　　　　　　　　　　　　　　　　　　（　　　）

10.只要是增值税年应税销售额达到规定数额的企业，都可以登记为增值税一般纳税人；反之，年应税销售额未达到规定标准的企业，一律不能登记为增值税一般纳税人。
　　　　　　　　　　　　　　　　　　　　　　　　　　　　（　　　）

11.无偿向其他单位或者个人提供应税服务，应视同有偿提供应税服务，计算缴纳增值税。
　　　　　　　　　　　　　　　　　　　　　　　　　　　　（　　　）

12.纳税人兼有不同税率或者征收率的销售货物，提供加工、修理修配劳务或者应税服务的，应当分别核算适用不同税率或征收率的销售额；未分别核算销售额的，适用平均税率或征收率。
　　　　　　　　　　　　　　　　　　　　　　　　　　　　（　　　）

13.增值税纳税人发生的兼营减免税行为，如果未分别核算，不得减税、免税。
　　　　　　　　　　　　　　　　　　　　　　　　　　　　（　　　）

14.对月销售额10万元以下（含本数）的增值税小规模纳税人，免征增值税。
　　　　　　　　　　　　　　　　　　　　　　　　　　　　（　　　）

15.除国家税务总局另有规定外，一经登记为一般纳税人后，不得转为小规模纳税人。
　　　　　　　　　　　　　　　　　　　　　　　　　　　　（　　　）

参考答案

任务2.2　增值税的计算

重点难点

1.销项税额的计算中关于销售额的确定。

2.进项税额的确定中关于不得抵扣进项税额的规定。

学习指导

1.结合会计核算知识理解销项税额和进项税额的相关内容。会计课程中已介绍过销项税额和进项税额的基本含义和会计处理，应一一对照学习。

2.从销项税额和进项税额的对应关系的角度，理解视同销售行为和不得抵扣进项税额的规定。

同步练习

一、单项选择题（在每小题列出的四个选项中，只有一项符合题目要求，请将符合题目要求的选项选出）

1.一般纳税人因当期销项税额小于当期进项税额，其不足抵扣部分的税务处理是（　　）。

A.用上期的余额抵扣 　　　　　　　　B.结转下期继续抵扣

C.不得再抵扣 　　　　　　　　　　　D.退还已纳税款

2.下列项目中，不能抵扣进项税额的是（　　）。

A.外购运输服务 　　　　　　　　　　B.外购广告服务

C.外购娱乐服务 　　　　　　　　　　D.外购仓储服务

3.下列项目中，进项税额可从销项税额中抵扣的是（　　）。

A.购进原材料用于生产免征增值税的产品

B.购进原材料用于生产应征增值税的产品

C.外购原材料发生非正常损失

D.购进货物用于集体福利或个人消费

4. 大鸣食品厂（一般纳税人）2023年10月份批发销售秋香月饼取得不含税收入4 000元，直接销售秋香汤圆给消费者取得含税收入1 130元，则该厂当月增值税销项税额为（　　）。

A.650元　　　　　　　　　　　　B.878.90元

C.580元　　　　　　　　　　　　D.680元

5. 某酱菜厂（一般纳税人）2023年12月份销售八宝豆豉取得含税销售额226万元，同时收取包装物租金5 650元，则该厂当月增值税销项税额为（　　）。

A.260 650元　　　　　　　　　　B.260 000元

C.260 994.50元　　　　　　　　　D.265 850元

6. 某服装厂（一般纳税人）2023年11月份将自产的服装作为福利发给本厂职工，该批产品成本共计10万元，成本利润率为10%，无同类产品销售价格，则该厂当月增值税销项税额为（　　）。

A.0.10万元　　　　　　　　　　　B.1.43万元

C.1.17万元　　　　　　　　　　　D.1.10万元

7. 某商场（一般纳税人）上月购进的一批服装本月被盗，该批服装成本价为4 000元，则该商场本月应调减进项税额为（　　）。

A.520元　　　　　　　　　　　　B.680元

C.640元　　　　　　　　　　　　D.478元

8. 某服装厂2023年10月份购进货物支付进项税额55 000元，上月留抵进项税额3 300元，以前月份购进的材料被盗，购进当月已抵扣进项税额1 000元，则本期可抵扣的进项税额为（　　）。

A.1 200元　　　　　　　　　　　B.5 930元

C.57 300元　　　　　　　　　　　D.53 300元

9. 顺达酒行（小规模纳税人）2023年11月份实现含税销售额940 800元，适用的征收率为1%，则该酒行应缴纳的增值税为（　　）。

A.19 232.50元　　　　　　　　　B.20 800元

C.21 632.40元　　　　　　　　　D.27 401.94元

10. 某青年礼品店为增值税小规模纳税人，2023年第二季度取得销售收入（含增值税）950 000元，收取包装费4 000元，适用的征收率为1%。该礼品店应缴纳的增值税为（　　）。

A.35 400元　　　　　　　　　　　B.54 000元

C.57 240元　　　　　　　　　　　D.9 445.54元

二、多项选择题（在每小题列出的四个选项中，有两项或两项以上符合题目要求，请将符合题目要求的选项选出）

1. 下列关于增值税的说法，正确的有（　　）。

A.对纳税人按经营规模和会计核算水平标准分类

B.购进不动产相应的进项税额允许扣除

C.实行购进扣税法

D.实行价外税

2.计算销项税额的销售额不包含（   ）。

A.全部价款　　　　　　　　　　　B.价外费用

C.增值税　　　　　　　　　　　　D.代收的消费税

3.非正常损失包括（   ）。

A.因管理不善，货物丢失所造成的损失

B.被执法部门依法没收、销毁的货物

C.因管理不善，货物发生霉烂变质所造成的损失

D.因管理不善，货物被盗所造成的损失

4.下列业务中，不得抵扣进项税额的有（   ）。

A.购进材料用于免征增值税项目　　B.购进材料发生非正常损失

C.购进材料用于集体福利　　　　　D.购进材料用于个人消费

5.下列关于增值税销售额确定的说法，正确的有（   ）。

A.采取折扣方式销售货物、服务、无形资产或不动产的，如果将折扣额另开发票
　　的，不论财务上如何处理，均不得从销售额中扣除折扣额

B.采取销售折扣方式销售货物的，不得从销售额中扣减销售折扣，即应按货价全额
　　计税

C.采取以旧换新方式销售货物的，应按新货物的同期销售价格确定销售额，不得冲
　　减旧货物的收购价格

D.对金银首饰以旧换新业务，按销售方实际收取的不含增值税的全部价款计税

6.根据增值税法律制度的规定，下列属于增值税的扣税凭证的有（   ）。

A.农产品收购发票　　　　　　　　B.增值税专用发票

C.增值税普通发票　　　　　　　　D.海关进口增值税专用缴款书

7.增值税一般纳税人取得的下列发票或凭证中，可据以抵扣进项税额的有（   ）。

A.外购免税农产品的收购发票

B.进口大型设备取得的海关进口增值税专用缴款书

C.外购原材料支付运费取得的增值税专用发票

D.外购餐饮服务取得的发票

8.下列关于增值税出口退税的表述，正确的有（   ）。

A.纳税人出口货物实行零税率，即货物在出口时整体税负为零

B.出口退税可使本国产品以不含税的价格进入国际市场，增强竞争能力

C.增值税的退税率与增值税税率不一定相同

D.出口退税包括"免、抵、退"和"先征后退"两种计算办法

9.下列项目中，不得抵扣进项税额的有（   ）。

A.一般纳税人购进货物，取得税务机关代开的增值税专用发票

B.超市将购进的商品（已取得增值税专用发票）奖励给优秀员工

C.企业进口一台设备，款项未付，已取得海关完税凭证

D.外贸企业从境内购进货物取得增值税专用发票，出口销售

10. 一家生产企业2023年12月份取得以下收入：（1）生产销售小汽车取得收入1 500万元；（2）附设饭店取得收入20万元；（3）附设搬家公司取得收入0.80万元；（4）修理汽车取得收入7万元。该企业应按13%的税率缴纳增值税的业务有（　　）。

A.（1）　　　　　B.（2）　　　　　C.（3）　　　　　D.（4）

三、判断题（判断正误，正确的打"√"，错误的打"×"）

1. 当纳税人的当期销项税额小于当期进项税额而不足抵扣时，其不足部分可以结转下期继续抵扣。　　　　　　　　　　　　　　　　　　　　　　　　　（　　）

2. 已抵扣进项税额的上月购进货物，如果因管理不善而造成霉烂变质，应将其损失货物的进项税额从当期发生的进项税额中扣减。　　　　　　　　　　　　（　　）

3. 晨曦广告公司为增值税小规模纳税人，本季度取得广告收入51.50万元（含税）。该公司本季度应缴纳的增值税为1.50万元。　　　　　　　　　　　　　（　　）

4. 一家手机厂将自产的手机作为福利发给职工，应视同销售行为计征增值税。
　　　　　　　　　　　　　　　　　　　　　　　　　　　　　　　　（　　）

5. 增值税纳税人发生的兼营免税行为，如果未分别核算的，则由主管税务机关进行核定。　　　　　　　　　　　　　　　　　　　　　　　　　　　　　（　　）

6. 采取以旧换新方式销售货物的，应按新货物的同期销售价格确定销售额，不得冲减旧货物的收购价格。　　　　　　　　　　　　　　　　　　　　　（　　）

7. 纳税人进口货物，应按组成计税价格计算进口环节的增值税。　　　（　　）

8. 一般纳税人外购货物只要没有取得增值税专用发票，就不得抵扣进项税额。
　　　　　　　　　　　　　　　　　　　　　　　　　　　　　　　　（　　）

9. 增值税纳税人销售货物发生商业折扣和现金折扣的行为，均可按折扣后的价款计算增值税。　　　　　　　　　　　　　　　　　　　　　　　　　　　（　　）

10. 商场将购进货物作为福利发放给职工，应视同销售行为计征增值税，其相应的进项税额允许抵扣。　　　　　　　　　　　　　　　　　　　　　　　　（　　）

四、计算题（要求列出计算步骤，运算得数精确到小数点后两位）

1. 临海市华亮文具厂（一般纳税人）2023年11月份发生下列业务：

（1）购进生产用原材料一批，取得的增值税专用发票上注明价款12 000元、税款1 560元；支付运输费用，取得的增值税专用发票上注明运费3 000元、税款270元。

（2）购进生产设备一台，取得的增值税专用发票上注明价款10 000元、税款1 300元；支付运输费用，取得的增值税专用发票上注明运费1 000元、税款90元。

（3）因管理不善，本月仓库被盗，损失6 000元，所对应的进项税额为780元，前期已作为进项税额抵扣。

（4）支付水费、电费，取得的增值税专用发票上分别注明税款1 190元、1 500元。

（5）向第三实验小学无偿捐赠文具一批，该批文具市场售价2 500元（不含税）。

（6）批发销售文具取得不含税销售额60 000元，零售文具取得含税销售额9 040元。

要求：计算该厂11月份应缴纳的增值税。

2. 远华运输公司为增值税一般纳税人，2023年12月份发生以下经济业务：

（1）车辆加油取得增值税专用发票若干张，累计税款13 000元。

（2）购进修理用汽车配件，取得的增值税专用发票上注明价款30 000元、税款3 900元。

（3）从外地某汽车租赁公司租入8辆客车用于"十一"黄金周，取得的增值税专用发票上注明价款80 000元、税款10 400元。

（4）接受某软件服务公司的软件开发维护服务，取得的当地税务机关代开增值税专用发票上注明价款10 000元、税款300元。

（5）取得货运收入450 000元（不含税），取得客运收入54 500元（含税）。

要求：计算该公司12月份应缴纳的增值税。

3.大远广告公司为增值税小规模纳税人，2023年第二季度取得广告设计收入20万元、广告制作收入15万元、广告发布收入16.50万元，以上收入均为含税收入，适用的征收率为1%。

要求：计算该公司第二季度应缴纳的增值税。

4.电动车修理行为小规模纳税人，选择按月纳税。2023年10月份取得修理收入103 000元，组装销售单车取得销售收入30 900元，当月购进配件支付60 000元，适用的征收率为1%。

要求：计算该修理行10月份应缴纳的增值税。

5.隆达钢材贸易公司2023年11月份进口钢材一批，关税完税价格为250万元，已缴纳关税50万元，进口货物适用的增值税税率为13%。

要求：计算该公司11月份应缴纳的增值税。

参考答案

任务2.3 增值税的智能申报

重点难点

1.纳税义务发生时间、纳税期限、纳税地点的基本规定。
2.纳税申报流程。

学习指导

1.结合会计知识理解纳税义务发生时间的规定。在不同销售方式和结算方式下，销售收入的会计处理是不同的，注意会计处理与税务处理的差别。

2.结合实例，根据填表说明及表与表之间的勾稽关系，掌握纳税申报表的填报方法。

3.相关发票业务及纳税申报业务教学视频见书后附录。

同步练习

一、单项选择题（在每小题列出的四个选项中，只有一项符合题目要求，请将符合题目要求的选项选出）

1.根据《中华人民共和国增值税暂行条例》的规定，下列情形中可以开具增值税专用发票的是（　　　）。

A.向消费者个人销售应税货物

B.销售免税货物

C.销售报关出口的货物

D.将货物销售给下游企业

2.关于增值税一般纳税人取得的增值税专用发票的认证确认期限，下列说法正确的是（　　　）。

A.应自开具之日起90日内认证确认

B.应自开具之日起180日内认证确认

C.应自开具之日起360日内认证确认

D.取消认证确认、稽核比对、申报抵扣的期限

3.下列各项中，符合增值税纳税义务发生时间规定的是（　　　）。

A.将货物分配给股东的，为货物移送的当天

B.采用预收货款结算方式的，为收到货款的当天

C.采取委托银行收款方式的，为发出货物的当天

D.将货物作为投资的，为货物使用的当天

4.增值税一般纳税人发生的下列业务中，应当开具增值税专用发票的是（　　　）。

A.向一般纳税人销售货物、服务、无形资产或不动产的

B.向消费者个人销售货物、服务、无形资产或不动产的

C.销售货物、服务、无形资产或不动产适用免税规定的

D.在资产重组过程中，涉及不动产、土地使用权转让行为的

5.下列关于增值税纳税地点的表述，不正确的是（　　　）。

A.固定业户应当向机构所在地主管税务机关申报纳税

B.固定业户到外县（市）销售货物或者提供应税劳务，应当向机构所在地主管税务机关申请开具外出经营活动税收管理证明，向其机构所在地主管税务机关申报纳税

C.非固定业户销售货物或者提供应税劳务，应当向机构所在地主管税务机关申报纳税

D.进口货物，应当由进口方或其代理人向报关地海关申报纳税

二、多项选择题（在每小题列出的四个选项中，有两项或两项以上符合题目要求，请将符合题目要求的选项选出）

1.下列关于增值税纳税义务发生时间的说法，正确的有（　　　）。

A.采用托收承付和委托银行收款方式销售货物的，为发出货物并办妥托收手续的当天

B.采用赊销和分期收款方式销售货物的，为合同约定的收款日期的当天

C.采用预收货款方式销售货物的，为货物发出的当天

D.委托其他纳税人代销货物的，为收到代销清单或者收到全部货款的当天

2.下列关于纳税人进口货物的纳税期限的说法，错误的有（　　　）。

A.自海关填发海关进口增值税专用缴款书之日起10日内

B.自海关填发海关进口增值税专用缴款书次日起15日内

C.自海关填发海关进口增值税专用缴款书次日起10日内

D.自海关填发海关进口增值税专用缴款书之日起15日内

3.增值税一般纳税人取得的下列发票或凭证中，不得抵扣进项税额的有（　　　）。

A.外购用于免征增值税项目的增值税专用发票

B.外购原材料发生非正常损失的增值税专用发票

C.接受航空运输服务取得的增值税电子普通发票

D.进口汽车取得的海关进口增值税专用缴款书

4.增值税一般纳税人临时到外省市销售应税货物，下列陈述正确的有（　　　）。

A.自带发票，在经营地开具

B.持有外出经营活动税收管理证明的，应当向其机构所在地主管税务机关申报纳税

C.未持有外出经营活动税收管理证明的，应当向销售地主管税务机关申报纳税

D.未持有外出经营活动税收管理证明，也未向销售地主管税务机关申报纳税的，由销售地主管税务机关补征税款

5.下列关于增值税纳税地点的表述，错误的有（　　　）。

A.固定业户临时到外省市销售应税货物未持有外出经营活动税收管理证明，也未向销售地主管税务机关申报纳税的，由销售地主管税务机关补征税款

B.非固定业户应当向销售地或劳务发生地的主管税务机关申报纳税

C.进口货物的纳税人应当向进口地海关申报纳税

D.扣缴义务人应当向其机构所在地或者居住地主管税务机关申报缴纳扣缴的税款

三、判断题（判断正误，正确的打"√"，错误的打"×"）

1.增值税小规模纳税人购进货物取得增值税专用发票可抵扣进项税额，取得普通发票不允许抵扣进项税额。　　　　　　　　　　　　　　　　　　　　　（　　　）

2.纳税人销售货物或提供应税服务，先开具发票的，纳税义务发生时间为开具发票的当天。　　　　　　　　　　　　　　　　　　　　　　　　　　　　　（　　　）

3.某企业采取赊销方式销售货物，合同约定的收款日期是5月30日，但对方7月6日才付款，所以该企业可在实际收款之日计算销项税额。　　　　　　　　　（　　　）

4.扣缴义务人应当向纳税人机构所在地或者居住地主管税务机关申报缴纳其扣缴的

税款。 （　）

5.增值税的纳税期限分别为1日、3日、5日、10日、15日、1个月或者1个季度，纳税人以1个月或者1个季度为1个纳税期的，自纳税期满之日起15日内申报纳税。

（　）

四、实训题

【实训题一】

（一）实训目的

通过实训熟练掌握一般纳税人的增值税纳税申报表的填报。

（二）实训资料

华祥肉制品厂位于市区，为增值税一般纳税人，假设该企业仅从事各种火腿的生产销售业务，适用税率为13%，2023年11月份发生以下业务：

（1）期初留抵税额。

业务一：10月30日，"一般项目"中"本月数"列第20栏"期末留抵税额"为10万元。

（2）一般计税方法的销售情况。

业务二：11月10日，销售A类火腿一批，开具增值税专用发票，销售额100万元，销项税额13万元；销售B类火腿一批，开具增值税专用发票，销售额40万元，销项税额5.20万元。

（3）进项税额的情况。

业务三：11月15日，购进味精一批，取得的增值税专用发票上注明价款10万元、税额1.30万元。

业务四：11月15日，接受北京市某广告公司提供的广告服务，取得纳税人自开的增值税专用发票一张，"合计金额"栏为5 000元，"税率"栏为6%，"税额"栏为300元。

业务五：11月15日，接受上海市某货物运输企业提供的交通运输服务，取得纳税人自开的增值税专用发票一张，"合计金额"栏为8 000元，"税率"栏为9%，"税额"栏为720元。

业务六：11月15日，购进固定资产一台，取得的增值税专用发票上注明价款2万元、税额2 600元。

（4）进项税额转出。

业务七：11月16日，由于退货，作为购货方到税务机关办理了"开具红字增值税专用发票通知单"一张，税额为3 900元。

（三）实训要求

根据实训资料填制增值税及附加税费申报表（一般纳税人适用）及附列资料（见表2-1至表2-3）。

表2-1

增值税及附加税费申报表

（一般纳税人适用）

根据国家税收法律法规及增值税相关规定制定本表。纳税人不论有无销售额，均应按税务机关核定的纳税期限填写本表，并向当地税务机关申报。

税款所属期间：　年　月　日至　年　月　日　　填表日期：　年　月　日　　金额单位：元（列至角分）

纳税人识别号（统一社会信用代码）：□□□□□□□□□□□□□□□□□□							
纳税人名称			法定代表人姓名			所属行业	
开户银行及账号			登记注册类型			生产经营地址	
						电话号码	
销售额	栏次	项目	一般项目		即征即退项目		
			本月数	本年累计	本月数	本年累计	
	1	（一）按适用税率计税销售额					
	2	其中：应税货物销售额					
	3	应税劳务销售额					
	4	纳税检查调整的销售额					
	5	（二）按简易办法计税销售额					
	6	其中：纳税检查调整的销售额					
	7	（三）免、抵、退办法出口销售额		—		—	
	8	（四）免税销售额		—		—	
	9	其中：免税货物销售额		—		—	
	10	免税劳务销售额		—		—	

续表

项目		栏次	一般项目		即征即退项目	
			本月数	本年累计	本月数	本年累计
税款计算	销项税额	11				
	进项税额	12				
	上期留抵税额	13		—		—
	进项税额转出	14				
	免、抵、退应退税额	15		—	—	—
	按适用税率计算的纳税检查应补缴税额	16		—	—	—
	应抵扣税额合计	17=12+13−14−15+16		—		
	实际抵扣税额	18（如17<11，则为17，否则为11）			—	—
	应纳税额	19=11−18				
	期末留抵税额	20=17−18				
	简易计税办法计算的应纳税额	21				—
	按简易计税办法计算的纳税检查应补缴税额	22				
	应纳税额减征额	23				
	应纳税额合计	24=19+21−23				

续表

项目		栏次	一般项目		即征即退项目	
			本月数	本年累计	本月数	本年累计
税款缴纳	期初未缴税额（多缴为负数）	25			—	—
	实收出口开具专用缴款书退税额	26			—	—
	本期已缴税额	27=28+29+30+31				
	①分次预缴税额	28		—	—	—
	②出口开具专用缴款书预缴税额	29		—	—	—
	③本期缴纳上期应纳税额	30			—	—
	④本期缴纳欠缴税额	31			—	—
	期末未缴税额（多缴为负数）	32=24+25+26-27				
	其中：欠缴税额（≥0）	33=25+26-27		—		
	本期应补（退）税额	34=24-28-29		—		
	即征即退实际退税额	35	—	—		
	期初未缴查补税额	36				
	本期入库查补税额	37				
	期末未缴查补税额	38=16+22+36-37				
附加税费	城市维护建设税本期应补（退）税额	39				
	教育费附加本期应补（退）费额	40				
	地方教育附加本期应补（退）费额	41				

声明：此表是根据国家税收法律法规及相关规定填写的，本人（单位）对填报内容（及附带资料）的真实性、可靠性、完整性负责。

纳税人（签章）：　　　　　　　　年　月　日

经办人：
经办人身份证号：
代理机构签章：
代理机构统一社会信用代码：

受理人：	
受理税务机关（章）：	
受理日期：　　年　月　日	

表2-2

增值税及附加税费申报表附列资料（一）

（本期销售情况明细）

税款所属期：　年　月　日至　年　月　日

纳税人名称：（公章）

金额单位：元（列至角分）

项目及栏次		开具增值税专用发票		开具其他发票		未开具发票		纳税检查调整		合计		价税合计	服务、不动产和无形资产扣除项目本期实际扣除金额	扣除后	
		销售额	销项（应纳）税额	销售额	销项（应纳）税额	销售额	销项（应纳）税额	销售额	销项（应纳）税额	销售额	销项（应纳）税额			含税（免税）销售额	销项（应纳）税额
		1	2	3	4	5	6	7	8	9=1+3+5+7	10=2+4+6+8	11=9+10	12	13=11-12	14=13÷(100%+税率或征收率)×税率或征收率
一般计税方法计税	全部征税项目														
	13%税率的货物及加工修理修配劳务	1										—	—	—	—
	13%税率的服务、不动产和无形资产	2													
	9%税率的货物及加工修理修配劳务	3										—	—	—	—
	9%税率的服务、不动产和无形资产	4													
	6%税率	5													
	其中即征即退项目 即征即退货物及加工修理修配劳务	6	—	—	—	—	—	—	—	—			—	—	—	—
	即征即退服务、不动产和无形资产	7	—	—	—	—	—	—	—	—			—	—	—	—

续表

项目及栏次		开具增值税专用发票		开具其他发票		未开具发票		纳税检查调整		合计		价税合计	服务、不动产和无形资产扣除项目本期实际扣除金额	扣除后	
		销售额	销项(应纳)税额	销售额	销项(应纳)税额	销售额	销项(应纳)税额	销售额	销项(应纳)税额	销售额	销项(应纳)税额			含税(免税)销售额	销项(应纳)税额
		1	2	3	4	5	6	7	8	9=1+3+5+7	10=2+4+6+8	11=9+10	12	13=11-12	14=13÷(100%+税率或征收率)×税率或征收率
二、简易计税方法计税　全部征税项目	6%征收率　8							7	8			11=9+10	12	13=11-12	
	5%征收率的货物及加工修理修配劳务　9a							—	—			—	—	—	—
	5%征收率的服务、不动产和无形资产　9b							—	—			—	—	—	—
	4%征收率　10							—	—			—	—	—	—
	3%征收率的货物及加工修理修配劳务　11							—	—			—	—	—	—
	3%征收率的服务、不动产和无形资产　12							—	—			—	—	—	—
	预征率　%　13a							—	—			—	—	—	—
	预征率　%　13b							—	—			—	—	—	—
	预征率　%　13c							—	—			—	—	—	—

续表

项目及栏次		开具增值税专用发票		开具其他发票		未开具发票		纳税检查调整		合计		价税合计	服务、不动产和无形资产扣除项目本期实际扣除金额	扣除后	
		销售额	销项(应纳)税额	销售额	销项(应纳)税额	销售额	销项(应纳)税额	销售额	销项(应纳)税额	销售额	销项(应纳)税额			含税(免税)销售额	销项(应纳)税额
	栏次	1	2	3	4	5	6	7	8	9=1+3+5+7	10=2+4+6+8	11=9+10	12	13=11-12	$14=13÷(100\%+税率或征收率)×税率或征收率$
二、简易计税方法计税　其中：即征即退项目　即征即退货物及加工修理修配劳务	14	—	—	—	—	—	—	—	—			—		—	—
即征即退服务、不动产和无形资产	15	—	—	—	—	—	—	—	—			—		—	—
三、免抵退税　货物及加工修理修配劳务	16	—	—	—	—	—	—	—	—			—		—	—
服务、不动产和无形资产	17	—	—	—	—	—	—	—	—			—		—	—
四、免税　货物及加工修理修配劳务	18	—	—	—	—	—	—	—	—			—		—	—
服务、不动产和无形资产	19	—	—	—	—	—	—	—	—			—		—	—

表2-3
增值税及附加税费申报表附列资料（二）
（本期进项税额明细）

税款所属期：　　年　月　日至　　年　月　日

纳税人名称：（公章）　　　　　　　　　　　　　　　　　　　金额单位：元（列至角分）

一、申报抵扣的进项税额				
项目	栏次	份数	金额	税额
（一）认证相符的增值税专用发票	1=2+3			
其中：本期认证相符且本期申报抵扣	2			
前期认证相符且本期申报抵扣	3			
（二）其他扣税凭证	4=5+6+7+8a+8b			
其中：海关进口增值税专用缴款书	5			
农产品收购发票或者销售发票	6			
代扣代缴税收缴款凭证	7			—
加计扣除农产品进项税额	8a	—	—	
其他	8b			
（三）本期用于购建不动产的扣税凭证	9			
（四）本期用于抵扣的旅客运输服务扣税凭证	10			
（五）外贸企业进项税额抵扣证明	11	—	—	
当期申报抵扣进项税额合计	12=1+4+11			
二、进项税额转出额				
项目	栏次	税额		
本期进项税额转出额	13=14+15+…+23			
其中：免税项目用	14			
集体福利、个人消费	15			
非正常损失	16			
简易计税方法征税项目用	17			
免抵退税办法不得抵扣的进项税额	18			
纳税检查调减进项税额	19			
红字专用发票信息表注明的进项税额	20			
上期留抵税额抵减欠税	21			

上期留抵税额退税	22			
异常凭证转出进项税额	23a			
其他应作进项税额转出的情形	23b			
三、待抵扣进项税额				
项目	栏次	份数	金额	税额
（一）认证相符的增值税专用发票	24	—	—	—
期初已认证相符但未申报抵扣	25			
本期认证相符且本期未申报抵扣	26			
期末已认证相符但未申报抵扣	27			
其中：按照税法规定不允许抵扣	28			
（二）其他扣税凭证	29=30+31+32+33			
其中：海关进口增值税专用缴款书	30			
农产品收购发票或者销售发票	31			
代扣代缴税收缴款凭证	32		—	
其他	33			
	34			
四、其他				
项目	栏次	份数	金额	税额
本期认证相符的增值税专用发票	35			
代扣代缴税额	36			

【实训题二】

（一）实训目的

通过实训熟练掌握小规模纳税人的增值税纳税申报表的填报。

（二）实训资料

华鑫运输公司为增值税小规模纳税人，2023年第二季度为本市某单位提供交通运输服务，自开了增值税普通发票，金额为123 600元。

（三）实训要求

根据实训资料填制增值税及附加税费申报表（小规模纳税人适用）（见表2-4）。

表2-4 **增值税及附加税费申报表**

(小规模纳税人适用)

税款所属期: 年 月 日至 年 月 日 填表日期: 年 月 日

纳税人识别号（统一社会信用代码）：□□□□□□□□□□□□□□□□□□□□

纳税人名称： 金额单位：元（列至角分）

项目		栏次	本期数		本年累计	
			货物及劳务	服务、不动产和无形资产	货物及劳务	服务、不动产和无形资产
一、计税依据	（一）应征增值税不含税销售额（3%征收率）	1				
	增值税专用发票不含税销售额	2				
	其他增值税发票不含税销售额	3				
	（二）应征增值税不含税销售额（5%征收率）	4	—		—	
	增值税专用发票不含税销售额	5	—		—	
	其他增值税发票不含税销售额	6	—		—	
	（三）销售使用过的固定资产不含税销售额	7（7≥8）		—		—
	其中：其他增值税发票不含税销售额	8		—		—
	（四）免税销售额	9=10+11+12				
	其中：小微企业免税销售额	10				
	未达起征点销售额	11				
	其他免税销售额	12				
	（五）出口免税销售额	13（13≥14）				
	其中：其他增值税发票不含税销售额	14				
二、税款计算	本期应纳税额	15				
	本期应纳税额减征额	16				
	本期免税额	17				
	其中：小微企业免税额	18				
	未达起征点免税额	19				
	应纳税额合计	20=15-16				
	本期预缴税额	21			—	—
	本期应补（退）税额	22=20-21				
三、附加税费	城市维护建设税本期应补（退）税额	23				
	教育费附加本期应补（退）费额	24				
	地方教育附加本期应补（退）费额	25				

声明：此表是根据国家税收法律法规及相关规定填写的，本人（单位）对填报内容（及附带资料）的真实性、可靠性、完整性负责。

纳税人（签章）： 年 月 日

经办人： 经办人身份证号： 代理机构签章： 代理机构统一社会信用代码：	受理人： 受理税务机关（章）： 受理日期： 年 月 日

参考答案

项目三　消费税计算与智能申报

知识框架

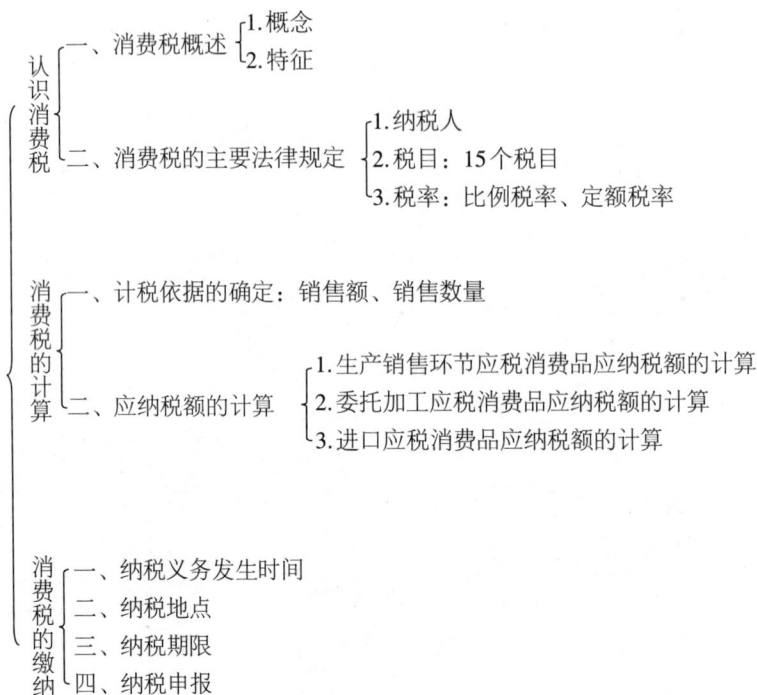

认识消费税
- 一、消费税概述
  - 1.概念
  - 2.特征
- 二、消费税的主要法律规定
  - 1.纳税人
  - 2.税目：15个税目
  - 3.税率：比例税率、定额税率

消费税的计算
- 一、计税依据的确定：销售额、销售数量
- 二、应纳税额的计算
  - 1.生产销售环节应税消费品应纳税额的计算
  - 2.委托加工应税消费品应纳税额的计算
  - 3.进口应税消费品应纳税额的计算

消费税的缴纳
- 一、纳税义务发生时间
- 二、纳税地点
- 三、纳税期限
- 四、纳税申报

任务3.1　认识消费税

重点难点

1.纳税人、征税范围和税率的基本规定。

2.纳税环节的基本规定。

学习指导

1.对比增值税和消费税在征税范围、纳税环节、税率形式等方面的差异，学习消费税的基本规定。

2.熟练掌握消费税税目税率表。

同步练习

一、单项选择题（在每小题列出的四个选项中，只有一项符合题目要求，请将符合题目要求的选项选出）

1.下列表述的内容中，不属于消费税的纳税人的是（　　　）。

A.生产应税消费品的单位和个人

B.进口应税消费品的单位和个人

C.委托加工应税消费品的单位和个人

D.受托加工应税消费品的单位和个人

2.下列零售业务中，应征收消费税的是（　　　）。

A.商店零售高档化妆品　　　　　　　　B.商店零售电子烟

C.商店零售金银首饰　　　　　　　　　D.商店零售白酒

3.下列批发业务中，应征收消费税的是（　　　）。

A.商贸公司批发高档化妆品　　　　　　B.烟草公司批发卷烟

C.商贸公司批发金银首饰　　　　　　　D.酒水销售公司批发白酒

4.下列行为中，应征收消费税的是（　　　）。

A.大众公司生产销售小汽车

B.汽车贸易公司销售小轿车（超豪华小汽车除外）

C.汽车修理厂修理小汽车

D.张先生购买小汽车

5.委托加工应税消费品业务中，应缴纳消费税的纳税人是（　　　）。

A.委托方　　　　　B.受托方　　　　　C.购进方　　　　　D.销售方

6.委托加工应税消费品业务中，应缴纳增值税的纳税人是（　　）。

A.委托方　　　　　B.受托方　　　　　C.购进方　　　　　D.销售方

7.现行消费税共设置税目（　　）个。

A.11　　　　　　　B.13　　　　　　　C.14　　　　　　　D.15

8.消费税实行的纳税环节主要是（　　）。

A.单一环节　　　　B.多环节　　　　　C.双环节　　　　　D.生产环节

9.纳税人将应税消费品与非应税消费品以及适用税率不同的应税消费品组成成套消费品销售的，应当（　　）。

A.根据成套消费品的销售额按应税消费品中适用最高税率的消费品税率征税

B.根据成套消费品的销售额按应税消费品中适用最低税率的消费品税率征税

C.根据成套消费品的销售额按应税消费品适用平均税率征税

D.根据成套消费品的销售额按应税消费品适用边际税率征税

10.下列关于消费税纳税人的说法，正确的是（　　）。

A.甲公司是零售高档化妆品的大型超市，是消费税的纳税人

B.乙公司是一家从事国产品牌大型汽车销售的4S店，是消费税的纳税人

C.丙公司是一家专门承接烟丝委托加工业务的企业，是消费税的纳税人

D.丁公司是一家从事外国高档化妆品进口和零售的企业，是消费税的纳税人

二、多项选择题（在每小题列出的四个选项中，有两项或两项以上符合题目要求，请将符合题目要求的选项选出）

1.甲委托乙加工高档化妆品，下列说法中正确的有（　　）。

A.甲是增值税的纳税人　　　　　　　B.甲是消费税的纳税人

C.乙是增值税的纳税人　　　　　　　D.乙是消费税的纳税人

2.根据消费税法律制度的规定，下列应税消费品中实行从价定率与从量定额相结合的征税办法的有（　　）。

A.白酒　　　　　　B.卷烟　　　　　　C.电子烟　　　　　D.金银首饰

3.下列行为中，既应征收增值税，也应征收消费税的有（　　）。

A.商店零售高档化妆品　　　　　　　B.金店零售金银首饰

C.烟花公司批发鞭炮　　　　　　　　D.炼油厂销售汽油

4.从量计税的应税消费品在计算消费税时，采取的计税依据有（　　）。

A.重量　　　　　　B.容量　　　　　　C.质量　　　　　　D.面积

5.实行从量计税的应税消费品，包括（　　）。

A.汽油　　　　　　B.柴油　　　　　　C.啤酒　　　　　　D.黄酒

6.下列各项中，属于消费税的纳税环节的有（　　）。

A.生产销售环节　　　　　　　　　　B.委托加工环节

C.电子烟批发环节　　　　　　　　　D.金银首饰零售环节

7.下列产品中，应征收消费税的有（　　）。

A.高档手表　　　　B.高尔夫球　　　　C.高级实木家具　　D.高档化妆品

8.下列关于消费税的表述，正确的有（　　）。

A.消费税的税目有13个

B.消费税是对在中国境内从事生产、委托加工和进口应税消费品的单位和个人征收的一种行为税

C.消费税征收方法包括从价征收、从量征收和复合征收

D.消费税是对特定的消费品和消费行为在特定环节征收的一种流转税

9.下列项目中，不征收消费税的有（　　　）。

A.酒精　　　　　　B.实木地板　　　　C.木质筷子　　　　D.音像制品

10.根据《中华人民共和国消费税暂行条例》的有关规定，下列各项不应征收消费税的有（　　　）。

A.建材企业销售自产的实木地板

B.外贸企业进口彩色电视机

C.日化企业将自产的高档化妆品用于职工福利

D.商业企业销售摩托车

三、判断题（判断正误，正确的打"√"，错误的打"×"）

1.我国消费税的税目有14个。　　　　　　　　　　　　　　　　　　（　　）

2.纳税人兼营不同税率应税消费品的，一律按从高适用税率计税。　　（　　）

3.缴纳消费税的产品在出厂销售时，应缴纳增值税。　　　　　　　　（　　）

4.A市甲企业委托B市乙企业加工一批应税消费品，该批应税消费品的消费税应由乙企业向B市税务机关解缴。　　　　　　　　　　　　　　　　　　（　　）

5.对从事生产、委托加工、进口和出口应税消费品的单位和个人，都应当征收消费税。　　　　　　　　　　　　　　　　　　　　　　　　　　　　　（　　）

6.凡是在中国境内销售、进口和委托加工应税消费品的单位和个人，均是消费税的纳税人。　　　　　　　　　　　　　　　　　　　　　　　　　　（　　）

7.根据现行税法的规定，所有的应税消费品都是单环节征税。　　　　（　　）

8.在《中华人民共和国增值税暂行条例》和《中华人民共和国消费税暂行条例》中，都有关于纳税人起征点的规定。　　　　　　　　　　　　　　　　（　　）

9.消费税是价内税、中央税、从价税。　　　　　　　　　　　　　　（　　）

10.从价定率征收消费税的计税依据是纳税人销售应税消费品取得的不含增值税销售额。　　　　　　　　　　　　　　　　　　　　　　　　　　　　（　　）

参考答案

任务3.2 消费税的计算

重点难点

1.不同计税办法的应纳税额的计算。
2.不同业务的应纳税额的计算。

学习指导

1.根据增值税销项税额的计算来理解消费税的计算。增值税销项税额和从价定率征收消费税的计税依据，都是纳税人销售应税消费品取得的不含税销售额。

2.从纳税环节角度来理解消费税扣除项目的计算。消费税强调单一环节征收。

同步练习

一、单项选择题（在每小题列出的四个选项中，只有一项符合题目要求，请将符合题目要求的选项选出）

1.实行从价定率征税的应税消费品，计算消费税的销售额（　　　）。

A.含消费税不含增值税　　　　　　　B.含增值税不含消费税

C.不含消费税和增值税　　　　　　　D.含消费税和增值税

2.复合计税的应税消费品，自产自用环节应纳消费税的计算公式为（　　　）。

A.组成计税价格=成本×（1+成本利润率）÷（1−比例税率）

B.组成计税价格=（成本+利润+自产自用数量×定额税率）÷（1−比例税率）

C.组成计税价格=（成本+利润+自产自用数量×定额税率）÷（1+比例税率）

D.组成计税价格=（成本+利润−自产自用数量×定额税率）÷（1−比例税率）

3.某啤酒厂本月生产了15 000吨生啤，当月销售了10 000吨，取得含税销售收入113万元。该啤酒厂计算应纳消费税的计税依据为（　　　）。

A.100万元　　　　　　B.113万元　　　　　　C.10 000吨　　　　　　D.15 000吨

4.下列关于消费税的说法，不正确的是（　　　）。

A.纳税人将生产的应税消费品换取生产资料、消费资料的，应缴纳消费税

B.纳税人将生产的应税消费品投资入股的，应缴纳消费税

C.纳税人将生产的应税消费品偿还债务的，应缴纳消费税

D.纳税人将生产的应税消费品用于连续生产应税消费品的，应缴纳消费税

5.根据《中华人民共和国消费税暂行条例》的规定，纳税人将自产自用应税消费品用于连续生产非应税消费品，没有同类产品销售价格的，（　　　）。

A.按产品成本计算缴纳消费税　　　　　B.按同类产品销售利润计算缴纳消费税

C.按组成计税价格计算缴纳消费税　　　D.不用缴纳消费税

6.临海区佳林木业有限责任公司，2023年11月份将新试制的实木地板无偿捐赠给市体育馆，该批地板生产成本为60 000元，成本利润率为5%，消费税税率为5%，无同类产品的售价，那么该笔业务应缴纳的消费税为（　　　）。

A.无偿捐赠免税　　B.3 000元　　　　C.3 315.79元　　　D.2 714.29元

7.某白酒生产企业为增值税一般纳税人，2023年12月份销售白酒50吨，取得不含增值税的销售额150万元。白酒适用的比例税率为20%、定额税率为0.5元/500克，该企业本月应缴纳的消费税为（　　　）。

A.30万元　　　　　B.5万元　　　　　C.35万元　　　　　D.25.50万元

8.某企业本月购入已缴纳消费税的甲材料30 000元用于生产A应税消费品。甲材料适用的消费税税率为20%，本月领用20 000元用于生产A产品。A产品不含增值税的售价为42 000元，其适用的消费税税率为30%。该企业本月应缴纳的消费税为（　　　）。

A.3 600元　　　　　B.6 600元　　　　C.8 600元　　　　D.12 600元

9.某纳税人自产一批高档化妆品用于本企业职工福利，没有同类产品价格可以比照，需按组成计税价格计算消费税，则其组成计税价格为（　　　）。

A.（材料成本+加工费）÷（1-消费税税率）

B.（成本+利润）÷（1-消费税税率）

C.（材料成本+加工费）÷（1+消费税税率）

D.（成本+利润）÷（1+消费税税率）

10.某鞭炮企业2023年11月份受托为某单位加工一批鞭炮，委托单位提供的原材料金额为30万元，收取委托单位不含增值税的加工费4万元，当地无同类产品的市场价格，鞭炮适用的消费税税率为15%，计算该企业本月应代收代缴的消费税为（　　　）。

A.6.20万元　　　　B.6.50万元　　　　C.5.80万元　　　　D.6万元

二、多项选择题（在每小题列出的四个选项中，有两项或两项以上符合题目要求，请将符合题目要求的选项选出）

1.消费税有三种计税办法，即（　　　）。

A.从量征收　　　　　　　　　　　B.从价征收

C.从量从价复合征收　　　　　　　D.定额征收

2.某电池制造厂（一般纳税人），2023年12月份销售电池15万箱，实现不含税销售额4 000万元，零售电池5万箱，实现含税销售额1 695万元。电池的消费税税率为4%，应缴纳的消费税和增值税销项税额分别为（　　　）。

A.220万元　　　　B.173万元　　　　C.715万元　　　　D.978万元

3.根据税法的规定，下列说法正确的有（　　　）。

A.凡是征收消费税的消费品都征收增值税

B.凡是征收增值税的货物都征收消费税

C.应税消费品征收增值税和消费税的，销售额不含增值税

D.从价定率征收消费税的消费品，其销售额与增值税的规定一致

4.下列关于委托加工应税消费品的说法,正确的有(   )。

A.由委托方提供原料

B.由委托方提供主要材料

C.受托方只收取加工费和代垫部分辅助材料

D.由受托方提供原材料

5.下列自产自用行为中,应征收消费税的有(   )。

A.生产企业将石脑油用于本企业连续生产汽油

B.日化厂自产高档化妆品用于促销赠品

C.汽车制造厂自产小汽车用于后勤服务

D.木筷厂自产高档木筷用于本企业职工食堂

三、判断题(判断正误,正确的打"√",错误的打"×")

1.纳税人自产自用的应税消费品,均应缴纳消费税。   （   )

2.纳税人自产自用的应税消费品,用于连续生产应税消费品的,不纳税;用于其他方面的,于移送使用时纳税。   (   )

3.增值税销项税额和从价定率征收消费税的计税依据,都是纳税人销售应税消费品取得的不含税销售额。   (   )

4.企业受托加工应税消费品所代收代缴的消费税,在采用组成计税价格计税时,组成计税价格应当是材料成本与加工费之和。   (   )

5.纳税人外购已税消费品用于连续生产应税消费品,计算应纳消费税时,应按当期生产领用数量计算准予扣除外购的应税消费品已纳的消费税税款。   (   )

6.委托加工的应税消费品,委托方用于连续生产应税消费品的,所纳税款准予按规定抵扣;直接出售的,不再缴纳消费税。   (   )

7.纳税人采用以旧换新(含翻新改制)方式销售的金银首饰,应按实际收取的不含增值税的全部价款确定计税依据征收消费税。   (   )

8.进口应税消费品,在进口环节缴纳消费税的,在境内销售时,不再缴纳消费税。
                                                    (   )

9.在计算消费税时,不含增值税销售额的换算公式为:应税消费品销售额=含增值税的销售额÷(1+13%或3%)。   (   )

10.某酒厂生产白酒和药酒,并将两类酒包装在一起按礼品套装酒销售,尽管该酒厂对一并销售的两类酒分别核算了销售额,但是对于这种礼品套装酒仍应就其全部销售额按白酒的适用税率计征消费税。   (   )

四、计算题(要求列出计算步骤,运算得数精确到小数点后两位)

1.兰华酒厂2023年11月份销售白酒10吨,取得销售额250 000元(不含税);销售药酒2吨,取得销售额45 200元(含税)。

要求:计算该酒厂11月份应缴纳的消费税。

2.雅洁日化制造公司2023年12月份发生下列业务:

(1)销售高档化妆品一批,取得不含税销售额500 000元。

(2)特制新型高档化妆品一批,作为福利发放给本厂职工,成本价为50 000元(还未投放市场，无同类产品销售价格），成本利润率为5%。

（3）受某商场委托加工一批高档化妆品，委托方提供的加工材料成本为60 000元，收取加工费10 000元（无同类产品价格）。

要求：计算该公司12月份应缴纳的消费税及应代收代缴的消费税。

3.源隆进出口贸易公司2023年10月8日进口一批电池，完税价格为800 000元，缴纳关税100 000元。10月底该批电池在国内全部销售，取得不含税销售额1 500 000元。

要求：（1）计算进口环节应缴纳的增值税和消费税。

（2）计算国内销售业务应缴纳的增值税。

参考答案

任务3.3　消费税的智能申报

重点难点

1.纳税义务发生时间、纳税期限、纳税地点的基本规定。

2.纳税申报流程。

学习指导

1.结合会计知识理解纳税义务发生时间的规定。在不同销售方式和结算方式下，销售收入的会计处理是不同的，注意会计处理与税务处理的差别。

2.结合实例，根据填表说明及表与表之间的勾稽关系，掌握纳税申报表的填报。

同步练习

一、单项选择题（在每小题列出的四个选项中，只有一项符合题目要求，请将符合题目要求的选项选出）

1.一般情况下，采用赊销方式销售应税消费品的，其纳税义务发生时间是（　　）。

A.将提货单交给买方的当天　　　　B.合同约定的收款日期的当天

C.收到货款的当天　　　　　　　　D.发出货物的当天

2.纳税人自产自用的应税消费品，其纳税义务发生时间为（　　）。

A.移送使用的当天　　　　　　　　B.合同约定的收款日期的当天

C.收到货款的当天　　　　　　　　　　D.发出货物的当天

3.某日用化妆品公司2023年11月份进口高档化妆品一批，11月10日海关填发税收缴款书，缴纳的最后期限为（　　　）。

A.11月24日　　　　　　　　　　　　B.11月25日

C.11月23日　　　　　　　　　　　　D.11月10日

4.按照《中华人民共和国消费税暂行条例》的规定，下列关于委托加工应税消费品的说法不正确的是（　　　）。

A.委托加工应税消费品，一律由受托方在向委托方交货时代收代缴税款

B.委托加工应税消费品，委托方用于连续生产应税消费品的，已纳税款准予抵扣

C.委托加工应税消费品，除受托方为个人外，由受托方在向委托方交货时代收代缴税款

D.委托加工应税消费品，委托方是消费税的纳税人，受托方是增值税的纳税人

5.纳税人销售的应税消费品，如因质量等原因被购买者退回的，经所在地主管税务机关审核批准，（　　　）。

A.可退还已征收的消费税税款，但不得自行直接抵减应纳税款

B.可退还已征收的消费税税款，也可自行直接抵减应纳税款

C.不得退还已征收的消费税税款，但可自行直接抵减应纳税款

D.不得退还已征收的消费税税款，也不得自行直接抵减应纳税款

二、多项选择题（在每小题列出的四个选项中，有两项或两项以上符合题目要求，请将符合题目要求的选项选出）

1.下列关于消费税纳税义务发生时间的说法，正确的有（　　　）。

A.采用托收承付和委托银行收款方式销售货物的，为办妥托收手续的当天

B.采用赊销和分期收款方式销售货物的，为合同约定的收款日期的当天

C.采用预收货款方式销售货物的，为发出货物的当天

D.纳税人委托加工应税消费品的，为纳税人提货的当天

2.某日用化妆品公司2023年12月份进口高档化妆品一批，关税完税价格为20万元，关税为8万元，高档化妆品的消费税税率为15%，12月10日海关填发税收缴款书，下列说法正确的有（　　　）。

A.应纳增值税4.28万元，缴纳的最后期限为12月24日

B.应纳消费税4.94万元，缴纳的最后期限为12月24日

C.应纳增值税3.64万元，缴纳的最后期限为12月25日

D.应纳消费税4.20万元，缴纳的最后期限为12月25日

3.关于消费税纳税地点的规定，下列说法正确的有（　　　）。

A.纳税人销售的应税消费品以及自产自用的应税消费品，除国务院财政、税务主管部门另有规定外，应当向纳税人机构所在地或者居住地的主管税务机关申报纳税

B.纳税人销售的应税消费品以及自产自用的应税消费品，除国家另有规定外，应当向纳税人核算地主管税务机关申报纳税

C.委托加工的应税消费品，除受托方为个人外，由受托方向机构所在地或者居住地的主管税务机关解缴消费税税款

D.进口的应税消费品，应当向报关地海关申报纳税

4.纳税人到外县（市）销售或委托外县（市）代销自产应税消费品的，于应税消费品销售后，申报纳税的主管税务机关包括（　　　　）。

A.机构所在地　　　　　　　　　B.居住地

C.业务发生地　　　　　　　　　D.货物所在地

5.纳税人自期满之日起15日内申报纳税的，是指一个纳税期为（　　　　）。

A.1个月　　　　　　　　　　　B.1个季度

C.半年　　　　　　　　　　　　D.1年

三、判断题（判断正误，正确的打"√"，错误的打"×"）

1.委托个人加工的应税消费品，由受托方向其居住地主管税务机关申报纳税。

（　　　　）

2.纳税人销售的应税消费品，如因质量等原因被购买者退回的，可以自行直接抵减当期应纳消费税税款。　　　　　　　　　　　　　　　　　　　　　　　（　　　　）

3.委托加工的应税消费品，除受托方为个人外，由受托方向机构所在地或者居住地的主管税务机关解缴消费税税款。　　　　　　　　　　　　　　　　　　（　　　　）

4.纳税人委托加工的应税消费品，其纳税义务发生时间为纳税人发出材料的当天。

（　　　　）

5.进口应税消费品，应由进口方或其代理人向其机构所在地海关申报纳税。（　　　　）

四、实训题

（一）实训目的

掌握消费税应纳税额的计算及消费税的纳税申报。

（二）实训资料

临海市光华日化公司主要生产销售高档护肤品和面膜，护肤品每瓶100ml，售价为1 000元/瓶（不含税）；面膜售价为20元/片（不含税）。2023年11月份发生下列业务：

（1）11月15日，批发销售给山海县百货大楼护肤品100瓶、面膜5 000片，货已发出，货款已收。

（2）11月20日，将护肤品20瓶、面膜100片赞助给《黄河情深》剧组。

（三）实训要求

（1）计算该公司11月份应缴纳的消费税。

（2）填制消费税及附加税费申报表（见表3-1）。

表3-1 　　　　　　　　　　　**消费税及附加税费申报表**

税款所属期：自　　年　月　日至　　年　月　日

纳税人识别号（统一社会信用代码）：□□□□□□□□□□□□□□□□□□□□

纳税人名称：　　　　　　　　　　　　　　　　　　　金额单位：人民币元（列至角分）

项目 应税 消费品名称	适用税率		计量 单位	本期销售数量	本期销售额	本期应纳税额
	定额 税率	比例 税率				
	1	2	3	4	5	6=1×4+2×5
合计	—	—	—	—	—	

	栏次	本期税费额
本期减（免）税额	7	
期初留抵税额	8	
本期准予扣除税额	9	
本期应扣除税额	10=8+9	
本期实际扣除税额	11[10<（6-7），则为 10，否则为6-7]	
期末留抵税额	12=10-11	
本期预缴税额	13	
本期应补（退）税额	14=6-7-11-13	
城市维护建设税本期应补（退）税额	15	
教育费附加本期应补（退）费额	16	
地方教育附加本期应补（退）费额	17	

声明：此表是根据国家税收法律法规及相关规定填写的，本人（单位）对填报内容（及附带资料）的真实性、可靠性、完整性负责。

　　　　　　　　　　　　　　　　　　　　　　　纳税人（签章）：　　年　月　日

经办人： 经办人身份证号： 代理机构签章： 代理机构统一社会信用代码：	受理人： 受理税务机关（章）： 受理日期：　　年　月　日

参考答案

项目四 企业所得税计算与智能申报

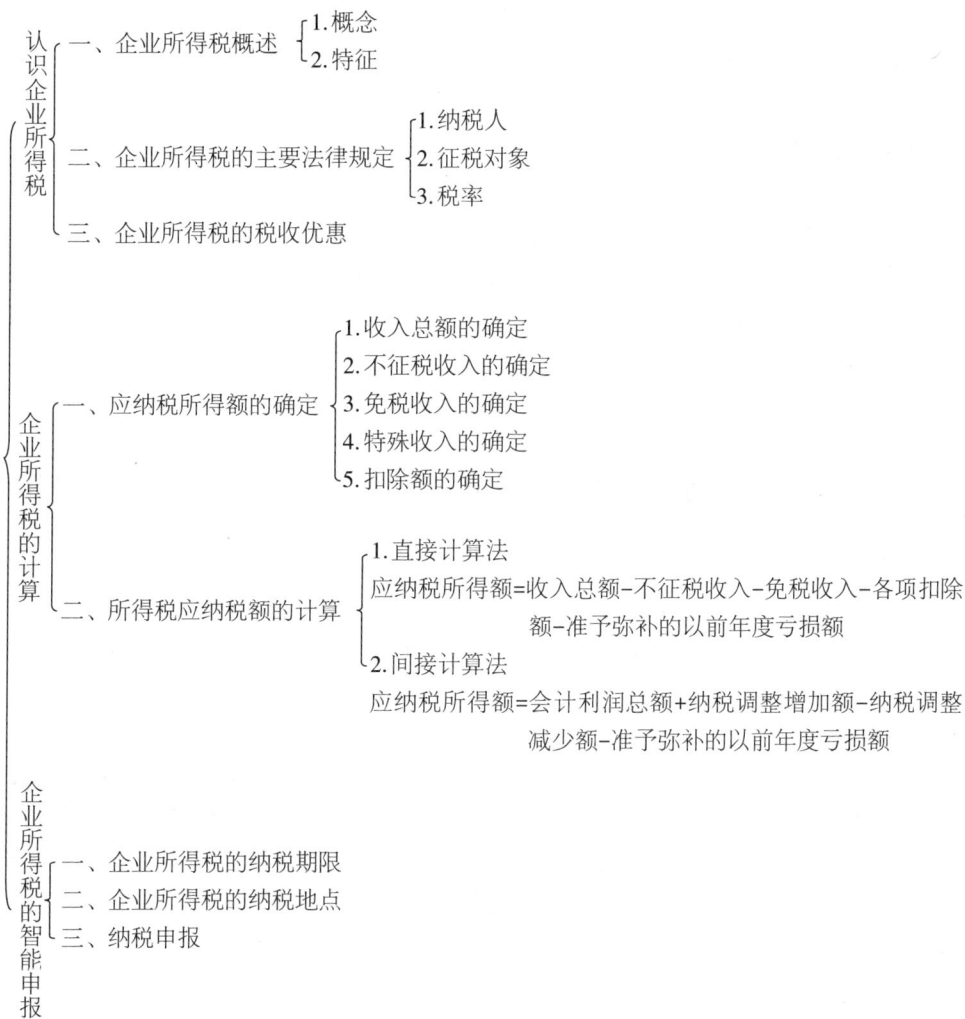

知识框架

认识企业所得税
- 一、企业所得税概述
  - 1.概念
  - 2.特征
- 二、企业所得税的主要法律规定
  - 1.纳税人
  - 2.征税对象
  - 3.税率
- 三、企业所得税的税收优惠

企业所得税的计算
- 一、应纳税所得额的确定
  - 1.收入总额的确定
  - 2.不征税收入的确定
  - 3.免税收入的确定
  - 4.特殊收入的确定
  - 5.扣除额的确定
- 二、所得税应纳税额的计算
  - 1.直接计算法
    应纳税所得额=收入总额-不征税收入-免税收入-各项扣除额-准予弥补的以前年度亏损额
  - 2.间接计算法
    应纳税所得额=会计利润总额+纳税调整增加额-纳税调整减少额-准予弥补的以前年度亏损额

企业所得税的智能申报
- 一、企业所得税的纳税期限
- 二、企业所得税的纳税地点
- 三、纳税申报

任务4.1　认识企业所得税

重点难点

1.纳税人、征税对象和税率的基本规定。
2.税收优惠的基本规定。

学习指导

1.从税收管辖权的角度来理解企业所得税纳税人的划分。
2.从国家的政策意图理解企业所得税的税收优惠政策。企业所得税的税收优惠政策侧重于产业优惠，兼顾公益或区域优惠。

同步练习

一、单项选择题（在每小题列出的四个选项中，只有一项符合题目要求，请将符合题目要求的选项选出）

1.按20%的优惠税率征收企业所得税的是（　　）。

A.小型微利企业　　B.高新技术企业　　C.节能环保企业　　D.非居民企业

2.根据《中华人民共和国企业所得税法》的规定，国家需要重点扶持的高新技术企业的优惠税率为（　　）。

A.10%　　　　　　B.15%　　　　　　C.20%　　　　　　D.25%

3.企业购置并实际使用《环境保护、节能节水项目企业所得税优惠目录》（2021年版）和《资源综合利用企业所得税优惠目录》（2021年版）规定的环境保护、节能节水、安全生产等专用设备的，该专用设备的投资额的一定比例，可以从企业当年的应纳税额中抵免，当年不足抵免的，可以在以后若干年度结转抵免。这里的"一定比例""若干年度"是指（　　）。

A.10%，5年　　　B.90%，5年　　　C.10%，3年　　　D.10%，2年

4.下列项目中，不属于企业所得税的纳税人的是（　　）。

A.外商投资企业　　　　　　　　　B.一人有限责任公司

C.个人独资企业　　　　　　　　　D.有来源于中国境内所得的外国企业

5.根据《中华人民共和国企业所得税法》的规定，下列企业属于非居民企业的是（　　）。

A.设在北京市的某国有独资企业

B.依照"百慕大公司法律"设立且实际管理机构在上海的某公司

C.总部设在上海的外资企业

D.依照美国法律成立，且未在中国境内设立机构、场所，但有来源于中国境内所得的某公司

6.按照《中华人民共和国企业所得税法》的规定，下列各项不属于居民企业的是（　　　）。

A.在上海市市场监督管理局登记注册的企业

B.在德国注册但实际管理机构在北京的德国独资企业

C.在美国注册的企业设在苏州的办事处

D.在天津注册但在非洲开展工程承包的企业

7.企业综合利用资源，生产符合国家产业政策规定的产品所取得的收入，可以在计算应纳税所得额时，减计收入的（　　　）。

A.90%　　　　　　　B.20%　　　　　　　C.30%　　　　　　　D.10%

8.企业安置残疾人员的，在按照支付给残疾职工工资据实扣除的基础上，允许按照支付给残疾职工工资的加计扣除比例是（　　　）。

A.100%　　　　　　B.200%　　　　　　C.300%　　　　　　D.50%

二、多项选择题（在每小题列出的四个选项中，有两项或两项以上符合题目要求，请将符合题目要求的选项选出）

1.下列关于企业所得税的说法，正确的有（　　　）。

A.企业所得税是对中国境内的企业和其他取得收入的组织的生产经营所得和其他所得征收的所得税

B.企业应当自年度终了之日起5个月内，汇算清缴税款

C.根据《中华人民共和国企业所得税法》的规定，纳税人分为居民企业和外国企业

D.我国现行企业所得税的基本税率为25%

2.下列项目中，应征收企业所得税的有（　　　）。

A.美国福特汽车公司在湖北设立的售后服务机构

B.英国考试认证中心通过远程教育网络取得来源于中国境内的培训收入

C.俄罗斯金矿开采公司在中国云南设立的开采场所

D.德国汽车制造公司将一项专利转让给中国境内的某外商投资企业

3.企业所得税将纳税人划分为居民企业和非居民企业，划分的标准包括（　　　）。

A.登记注册地标准　　　　　　　　B.实际管理机构地标准

C.总机构所在地标准　　　　　　　D.国籍标准

4.下列关于企业所得税的说法，错误的有（　　　）。

A.国有企业、集体企业、合伙企业均是企业所得税的纳税人

B.依照外国法律成立的，未在中国境内设立机构、场所的公司，均不是企业所得税的纳税人

C.居民企业应就其来源于中国境内和境外的全部所得缴纳企业所得税

D.非居民企业仅就其来源于中国境内的所得缴纳企业所得税

5.根据《中华人民共和国企业所得税法》的规定，下列关于纳税人的说法，不正确

的有（　　　）。

A.只有依照中国法律成立的企业，才是居民企业

B.依照外国法律成立，且实际管理机构在中国境内的企业，都是非居民企业

C.依照外国法律成立的企业，都是非居民企业

D.在中国境内设立机构、场所且在境外成立其实际管理机构的企业，都是非居民企业

6.下列关于企业所得税税率的表述，正确的有（　　　）。

A.企业所得税实行比例税率

B.企业所得税的基本税率为25%

C.在中国境内未设立机构、场所的非居民企业适用的企业所得税税率为20%

D.在中国境内虽设立机构、场所但取得的来源于中国境内的所得与其所设机构、场所没有实际联系的非居民企业，适用的企业所得税税率为20%

7.《中华人民共和国企业所得税法》规定的企业所得税的税收优惠方式包括（　　　）。

A.加计扣除　　　　B.加速折旧　　　　C.减计收入　　　　D.降低税率

8.在企业所得税的税收优惠中，实行加计扣除的有（　　　）。

A.国债利息收入　　　　　　　　　　B.企业安置残疾人员

C.研究开发费用　　　　　　　　　　D.购置环保专用设备

三、判断题（判断正误，正确的打"√"，错误的打"×"）

1.A企业是按美国法律成立的总部设在纽约的公司，在中国境内没有设立办事机构，因此在中国不用缴纳企业所得税。　　　　　　　　　　　　　　　（　　　）

2.非居民企业在中国境内未设立机构、场所而有来源于中国境内的所得，或者虽设立机构、场所但取得的来源于中国境内的所得与其所设机构、场所没有实际联系的，均应缴纳企业所得税。　　　　　　　　　　　　　　　　　　　　　　（　　　）

3.依照国际惯例，企业所得税将纳税人按照设立时间长短和收入来源地两个标准，划分为居民企业和非居民企业，分别承担不同的纳税义务。　　　　　　　（　　　）

4.任何企业均应当就其来源于中国境内、境外的所得缴纳企业所得税。（　　　）

5.企业所得税的征税对象是企业取得的各项所得，不包括利息所得和接受捐赠所得。　　　　　　　　　　　　　　　　　　　　　　　　　　　　　　　（　　　）

6.所得税是以纳税人的各项所得为征税对象，以经过计算得出的应纳税所得额为计税依据。　　　　　　　　　　　　　　　　　　　　　　　　　　　　　（　　　）

7.企业所得税的基本税率为25%，适用于居民企业和在中国境内设有机构、场所且所得与机构、场所有关联的非居民企业。　　　　　　　　　　　　　　（　　　）

8.企业从事国家重点扶持的公共基础设施项目的投资经营的所得，自开始获利年度起，第1年至第3年免征企业所得税，第4年至第6年减半征收企业所得税。（　　　）

参考答案

任务4.2　企业所得税的计算

重点难点

1.收入总额、税前扣除项目的范围和标准的基本规定。
2.应纳税额的计算。

学习指导

1.根据已学会计知识理解企业所得税的收入总额、税前扣除项目的范围和标准，及其在税收和会计上的差异。

2.从税收和会计两个方面理解企业所得税应纳税所得额的确定。企业应纳税所得额的计算体现了权责发生制和税收优先原则。

同步练习

一、单项选择题（在每小题列出的四个选项中，只有一项符合题目要求，请将符合题目要求的选项选出）

1.下列收入中，属于企业所得税不征税收入的是（　　　）。

A.转让财产收入

B.财政拨款收入

C.国债利息收入

D.符合条件的居民企业之间的股息收入

2.某外商投资企业2023年取得利润总额4 900万元。其中，营业外支出和投资收益账户分别列有：赞助电视剧播出支出100万元；国债利息收入20万元。假设无其他调整事项，根据企业所得税法律制度的规定，该企业2023年应纳税所得额为（　　　）。

A.4 980万元　　　　　B.5 040万元　　　　　C.5 124万元　　　　　D.5 137万元

3.某企业2017年发生亏损20万元，2018年盈利12万元，2019年亏损1万元，2020年盈利4万元，2021年亏损5万元，2022年盈利2万元，2023年盈利38万元，适用的企业所得税税率为25%，该企业2017—2023年总计应缴纳的企业所得税为（　　　）。

A.32万元   B.8万元   C.7.50万元   D.9万元

4.甲公司2023年度实现利润总额为320万元，无其他纳税调整事项。2021年度甲公司会计利润亏损额为280万元，经税务机关核实的亏损额为300万元，适用的企业所得税税率为25%，该公司2023年度应缴纳的企业所得税为（　　）。

A.80万元   B.5万元   C.10万元   D.15万元

5.企业所得税的纳税人发生年度亏损，可以用来弥补的金额是（　　）。

A.企业申报的亏损

B.税务机关按税法规定核实、调整后的金额

C.企业财务报表的账面金额

D.企业自己核定的亏损额

6.某企业2023年度销售收入为272 000元，发生业务招待费5 000元，根据企业所得税法律制度的规定，该企业当年可以在税前扣除的业务招待费最高为（　　）。

A.1 360元   B.3 000元   C.3 808元   D.5 000元

7.某企业某年度产品销售收入为1 800万元，其他业务收入为200万元，营业外收入为30万元，广告费开支为290万元，该企业在计算企业所得税时广告费支出的调整情况为（　　）。

A.应调增应纳税所得额10万元

B.应调减应纳税所得额10万元

C.应调增应纳税所得额14.50万元

D.不用调整

8.某生产化妆品的企业，2023年计入成本、费用中的合理的实发工资为540万元，当年发生的工会经费为15万元、职工福利费为80万元、职工教育经费为11万元，则税前可扣除的工会经费、职工福利费、职工教育经费合计为（　　）。

A.106万元   B.97.40万元   C.99.90万元   D.108.50万元

9.2023年某企业主营业务收入为5 000万元，营业外收入为80万元，主营业务成本为4 100万元，税金及附加为120万元，全年发生管理费用、销售费用和财务费用共计580万元，营业外支出为60万元（其中，符合规定的公益性捐赠支出为50万元），适用的企业所得税税率为25%，2022年度经税务机关核定的亏损额为30万元。2023年度该企业应缴纳的企业所得税为（　　）。

A.47.50万元   B.53.40万元   C.53.60万元   D.54.30万元

10.名典家具厂2023年度实现会计利润总额为900万元，营业外支出中列有城管罚款3万元、赞助支出4万元、准备金支出5万元。该家具厂在计算企业所得税时应调增应纳税所得额为（　　）。

A.42万元   B.37万元   C.12万元   D.9万元

二、多项选择题（在每小题列出的四个选项中，有两项或两项以上符合题目要求，请将符合题目要求的选项选出）

1.下列项目中，应计入收入总额的有（　　）。

A.销售货物收入   B.转让财产收入

C.租金收入   D.接受捐赠收入

2.根据《中华人民共和国企业所得税法》的规定，下列项目属于不征税收入的有（   ）。

A.财政拨款

B.国债利息收入

C.符合条件的非营利组织的收入

D.依法收取并纳入财政管理的行政事业性收费、政府性基金

3.下列项目中，属于企业所得税的免税收入的有（   ）。

A.符合条件的非营利组织的收入

B.财政拨款收入

C.符合条件的居民企业之间的股息、红利等权益性收益

D.国债利息收入

4.根据企业所得税法律制度的规定，下列说法中正确的有（   ）。

A.企业发生的职工福利费支出，不超过工资薪金总额14%的部分，准予在计算应纳税所得额时扣除

B.企业拨缴的工会经费，不超过工资薪金总额2%的部分，准予在计算应纳税所得额时扣除

C.除国务院财政、税务主管部门另有规定外，企业发生的职工教育经费支出，不超过工资薪金总额8%的部分，准予在计算应纳税所得额时扣除

D.企业发生的与生产经营活动有关的业务招待费支出，在计算应纳税所得额时按照发生额的60%扣除，但最高不得超过当年销售（营业）收入的5‰

5.根据《中华人民共和国企业所得税法》的规定，下列支出项目中，在计算企业所得税应纳税所得额时，不得扣除的有（   ）。

A.税收滞纳金   B.银行按规定加收罚息

C.被没收财物的损失   D.未经核定的准备金支出

6.纳税人在计算应纳税所得额时，下列支出中不得扣除的项目有（   ）。

A.缴纳罚金10万元   B.直接赞助某学校8万元

C.缴纳税收滞纳金4万元   D.支付法院诉讼费1万元

7.在计算企业所得税应纳税所得额时，下列支出中不得扣除的项目有（   ）。

A.企业之间支付的管理费

B.增值税税款

C.税收滞纳金

D.银行对企业签发空头支票进行的罚款

8.依据《中华人民共和国企业所得税法》的规定，纳税人在计算应纳税所得额时，允许扣除的税金有（   ）。

A.消费税   B.城市维护建设税

C.企业所得税   D.增值税

三、判断题（判断正误，正确的打"√"，错误的打"×"）

1.企业发生的与生产经营活动有关的业务招待费支出，不超过当年销售（营业）收入5‰的，可据实扣除。（　　）

2.企业发生的职工教育经费的支出，不超过工资薪金总额8%的部分，准予税前扣除；而超过的部分，准予在以后纳税年度结转扣除。（　　）

3.企业之间支付的管理费、企业内部营业机构之间支付的租金，可以扣除。（　　）

4.在计算应纳税所得额时，企业财务会计处理办法与税收法律法规的规定不一致的，应当依照税收法律法规的规定计算。（　　）

5.企业为投资者或者职工支付的商业保险费，在计算应纳税所得额时可以扣除。

（　　）

6.企业发生的公益性捐赠支出，在年度利润总额12%以内的部分，准予在计算应纳税所得额时扣除，而超过的部分，准予结转以后3年内在计算应纳税所得额时扣除。

（　　）

7.企业在开展研发活动中实际发生的研发费用，未形成无形资产计入当期损益的，在按规定据实扣除的基础上，再按照实际发生额的100%在税前加计扣除。（　　）

8.自2023年1月1日至2027年12月31日，对小型微利企业减按25%计算应纳税所得额，按20%的税率缴纳企业所得税。（　　）

四、计算题（要求列出计算步骤，运算得数精确到小数点后两位）

1.A企业2023年度实现利润总额为10 000元，公益性捐赠支出为10 000元；B企业2023年度实现利润总额为0，公益性捐赠支出为10 000元；C企业2023年度实现利润总额为-10 000元，公益性捐赠支出为10 000元。假设除此之外，A、B、C三家企业均无其他纳税调整事项。

要求：分别计算A、B、C三家企业2023年度应纳税所得额。

2.绿海市秋实木业公司，主要生产销售多层胶合板及木工板，2023年度（2022年度税务机关认定的亏损额为30万元）有关经营业务如下：

（1）销售板材取得主营业务收入8 600万元。

（2）出租设备取得其他业务收入200万元。

（3）取得营业外收入12万元。

（4）年底取得国债利息收入30万元，从一家居民企业分回投资收益15万元。

（5）主营业务成本5 300万元。

（6）应缴纳的增值税90万元、城市维护建设税及教育费附加9万元。

（7）销售费用1 650万元，其中，广告费1 400万元、赞助支出29万元。

（8）管理费用400万元，其中，业务招待费90万元、研究开发费250万元。

（9）财务费用80万元，其中，在建工程利息支出24万元、逾期罚息支出3万元、向商贸企业借款500万元所支付的年利息费用40万元（当年金融企业同期同类贷款的年利率为6%）。

（10）营业外支出300万元，其中，直接向某职业学校捐款48万元、通过公益性社会团体向贫困山区捐款150万元、车辆罚款2万元、列支自然灾害全部损失50万元（获保险公司理赔30万元）。

（11）计入成本、费用中的实发工资540万元，发生的工会经费15万元、职工福利费82万元、职工教育经费47.70万元。

要求：计算该公司2023年度应补（退）的企业所得税（企业已预缴企业所得税11万元）。

3.绿海市泰兴能源有限公司为国家重点扶持的高新技术企业，2023年度实现会计利润总额2 000万元（上年度亏损100万元，已预缴企业所得税300万元），有关的核算资料如下：

（1）全年实现主营业务收入7 500万元，其他业务收入500万元，营业外收入50万元。

（2）投资收益中列有国债利息收入10万元、来自居民企业的投资收益12万元。

（3）全年计入成本费用的实际工资总额500万元、职工福利费75万元、工会经费10万元、职工教育经费41.50万元。

（4）销售费用中列有广告费2 400万元。

（5）管理费用中列有业务招待费75万元、研究开发费450万元。

（6）财务费用中列有3笔利息支出：从工商银行贷款的生产经营资金利息支出21万元；未完在建工程利息支出22万元；向某肉联厂借款100万元发生利息支出10万元（当年金融企业同期同类贷款的年利率为6%）。

（7）营业外支出中列有3笔支出：通过临海市教育局向市财经职业学院捐款350万元；税收滞纳金1万元；因未达到安全生产要求接受安监局罚款2万元。

要求：计算该公司2023年度应补（退）的企业所得税。

参考答案

任务4.3　企业所得税的智能申报

重点难点

1.征收办法、纳税期限、纳税地点的规定。

2.纳税申报流程。

学习指导

1.结合会计报表内容理解企业所得税纳税申报表。

2.结合实例，根据填表说明及表与表之间的勾稽关系，掌握纳税申报表的填报。

同步练习

一、判断题（判断正误，正确的打"√"，错误的打"×"）

1.纳税人在纳税年度内无论盈利或亏损，都应当按照规定的期限，向当地主管税务机关报送所得税纳税申报表和年度会计报表。　　　　　　　　　　　　（　　）

2.《中华人民共和国企业所得税法》规定，企业应当自年度终了之日起4个月内，向税务机关报送年度企业所得税纳税申报表，并汇算清缴税款。　　　　　　（　　）

3.企业所得税按年计征，分月或者分季预缴，年终汇算清缴，多退少补。（　　）

4.纳税人在一个年度中间开业，或者由于合并、关闭等原因，使该纳税年度的实际经营期不足12个月的，应当以其实际经营期为一个纳税年度。　　　　　　（　　）

5.企业所得税的纳税人，其登记注册地与实际经营管理地不一致的，应当以其实际经营管理地为申报纳税所在地。　　　　　　　　　　　　　　　　　　（　　）

二、实训题

【实训一】

（一）实训目的

通过学习企业所得税的主要税收法律规定，全面认识企业所得税，并掌握企业所得税的预缴。

（二）实训资料

新城有限责任公司为符合条件的小型微利企业，2023年第一季度营业收入为3 357 863.35元，营业成本为2 224 378.19元，会计利润总额为903 485.50元。

（三）实训要求

请根据上述资料，计算新城有限责任公司2023年第一季度应预缴的企业所得税，并填制中华人民共和国企业所得税月（季）度预缴纳税申报表（A类），见表4-1。

表4-1　A200000　中华人民共和国企业所得税月（季）度预缴纳税申报表（A类）

税款所属期间：　年 月 日至　年 月 日

纳税人识别号（统一社会信用代码）：□□□□□□□□□□□□□□□□□□□□

纳税人名称：　　　　　　　　　　　　　　　　金额单位：人民币元（列至角分）

优惠及附报事项有关信息									
项目	一季度		二季度		三季度		四季度		季度平均值
	季初	季末	季初	季末	季初	季末	季初	季末	
从业人数									
资产总额（万元）									
国家限制或禁止行业	□是□否				小型微利企业				□是□否
附报事项名称									金额或选项
事项1	（填写特定事项名称）								
事项2	（填写特定事项名称）								
预缴税款计算									本年累计
1	营业收入								
2	营业成本								
3	利润总额								
4	加：特定业务计算的应纳税所得额								
5	减：不征税收入								
6	减：资产加速折旧、摊销（扣除）调减额（填写A201020）								
7	减：免税收入、减计收入、加计扣除（7.1+7.2+…）								
7.1	（填写优惠事项名称）								
7.2	（填写优惠事项名称）								
8	减：所得减免（8.1+8.2+…）								
8.1	（填写优惠事项名称）								
8.2	（填写优惠事项名称）								
9	减：弥补以前年度亏损								
10	实际利润额（3+4-5-6-7-8-9）\按照上一纳税年度应纳税所得额平均额确定的应纳税所得额								
11	税率（25%）								
12	应纳所得税额（10×11）								
13	减：减免所得税额（13.1+13.2+…）								
13.1	（填写优惠事项名称）								
13.2	（填写优惠事项名称）								
14	减：本年实际已缴纳所得税额								
15	减：特定业务预缴（征）所得税额								
16	本期应补（退）所得税额（12-13-14-15）\税务机关确定的本期应纳税所得额								

		汇总纳税企业总分机构税款计算	
17	总机构	总机构本期分摊应补（退）所得税额（18+19+20）	
18		其中：总机构分摊应补（退）所得税额（16×总机构分摊比例__%）	
19		财政集中分配应补（退）所得税额（16×财政集中分配比例__%）	
20		总机构具有主体生产经营职能的部门分摊所得税额（16×全部分支机构分摊比例__%×总机构具有主体生产经营职能部门分摊比例__%）	
21	分支机构	分支机构本期分摊比例	
22		分支机构本期分摊应补（退）所得税额	
		实际缴纳企业所得税计算	
23	减：民族自治地区企业所得税地方分享部分：□免征□减征：减征幅度____%)	本年累计应减免金额［（12-13-15）×40%×减征幅度］	
24	实际应补（退）所得税额		

谨声明：本纳税申报表是根据国家税收法律法规及相关规定填报的，是真实的、可靠的、完整的。

纳税人（签章）：　　年　月　日

经办人： 经办人身份证号： 代理机构签章： 代理机构统一社会信用代码：	受理人： 受理税务机关（章）： 受理日期：　　年　月　日

【实训二】

（一）实训目的

通过学习企业所得税的主要税收法律规定，全面认识企业所得税，并掌握企业所得税计算与申报。

（二）实训资料

海城有限责任公司为居民企业，2024年3月份对企业进行所得税汇算清缴工作，2023年经营业务如下：

（1）全年产品销售收入4 600万元，材料销售收入200万元，出租固定资产收入200万元。

（2）产品销售成本2 200万元，材料销售成本250万元，出租固定资产成本50万元。

（3）全年发生管理费用620万元（其中，业务招待费40万元），财务费用70万元，销售费用800万元。

（4）全年缴纳各种税费280万元（含增值税130万元）。

（5）营业外收入50万元（因债权人失踪，成为确实无法支付的款项）；营业外支出50万元（其中，非正常损失43万元，支付环保罚款7万元）。

（6）2023年已预缴了企业所得税180万元。

（三）实训要求

请根据上述资料，计算海城有限责任公司2023年应补缴的企业所得税，并填制中华人民共和国企业所得税年度纳税申报表（A类）及附表，见表4-2至表4-5。

表4-2　　A100000 **中华人民共和国企业所得税年度纳税申报表（A类）**　　单位：元

行次	类别	项目	金额
1	利润总额计算	一、营业收入（填写A101010\101020\103000）	
2		减：营业成本（填写A102010\102020\103000）	
3		减：税金及附加	
4		减：销售费用（填写A104000）	
5		减：管理费用（填写A104000）	
6		减：财务费用（填写A104000）	
7		减：资产减值损失	
8		加：公允价值变动收益	
9		加：投资收益	
10		二、营业利润（1-2-3-4-5-6-7+8+9）	
11		加：营业外收入（填写A101010\101020\103000）	
12		减：营业外支出（填写A102010\102020\103000）	
13		三、利润总额（10+11-12）	
14	应纳税额计算	减：境外所得（填写A108010）	
15		加：纳税调整增加额（填写A105000）	
16		减：纳税调整减少额（填写A105000）	
17		减：免税、减计收入及加计扣除（填写A107010）	
18		加：境外应税所得抵减境内亏损（填写A108000）	
19		四、纳税调整后所得（13-14+15-16-17+18）	
20		减：所得减免（填写A107020）	
21		减：抵扣应纳税所得额（填写A107030）	
22		减：弥补以前年度亏损（填写A106000）	
23		五、应纳税所得额（19-20-21-22）	

续表

行次	类别	项目	金额
24	应纳税额计算	税率（25%）	
25		六、应纳所得税额（23×24）	
26		减：减免所得税额（填写A107040）	
27		减：抵免所得税额（填写A107050）	
28		七、应纳税额（25-26-27）	
29		加：境外所得应纳所得税额（填写A108000）	
30		减：境外所得抵免所得税额（填写A108000）	
31		八、实际应纳所得税额（28+29-30）	
32		减：本年累计实际已预缴的所得税额	
33		九、本年应补（退）所得税额（31-32）	
34		其中：总机构分摊本年应补（退）所得税额（填写A109000）	
35		财政集中分配本年应补（退）所得税额（填写A109000）	
36		总机构主体生产经营部门分摊本年应补（退）所得税额（填写A109000）	
37	实际应纳税额计算	减：民族自治区企业所得税地方分享部分：（□免征□减征：减征幅度____%）	
38		十、本年实际应补（退）所得税额（33-37）	

表4-3 　　　　　　　　　　**A101010　一般企业收入明细表**　　　　　　　　　　单位：元

行次	项目	金额
1	一、营业收入（2+9）	
2	（一）主营业务收入（3+5+6+7+8）	
3	1.销售商品收入	
4	其中：非货币性资产交换收入	
5	2.提供劳务收入	
6	3.建造合同收入	
7	4.让渡资产使用权收入	
8	5.其他	
9	（二）其他业务收入（10+12+13+14+15）	

续表

行次	项目	金额
10	1.销售材料收入	
11	其中：非货币性资产交换收入	
12	2.出租固定资产收入	
13	3.出租无形资产收入	
14	4.出租包装物和商品收入	
15	5.其他	
16	二、营业外收入（17+18+19+20+21+22+23+24+25+26）	
17	（一）非流动资产处置利得	
18	（二）非货币性资产交换利得	
19	（三）债务重组利得	
20	（四）政府补助利得	
21	（五）盘盈利得	
22	（六）捐赠利得	
23	（七）罚没利得	
24	（八）确实无法偿付的应付款项	
25	（九）汇兑收益	
26	（十）其他	

表4-4　　　　　　A102010 一般企业成本支出明细表　　　　　　单位：元

行次	项目	金额
1	一、营业成本（2+9）	
2	（一）主营业务成本（3+5+6+7+8）	
3	1.销售商品成本	
4	其中：非货币性资产交换成本	
5	2.提供劳务成本	
6	3.建造合同成本	
7	4.让渡资产使用权成本	
8	5.其他	

续表

行次	项目	金额
9	（二）其他业务成本（10+12+13+14+15）	
10	1.材料销售成本	
11	其中：非货币性资产交换成本	
12	2.出租固定资产成本	
13	3.出租无形资产成本	
14	4.包装物出租成本	
15	5.其他	
16	二、营业外支出（17+18+19+20+21+22+23+24+25+26）	
17	（一）非流动资产处置损失	
18	（二）非货币性资产交换损失	
19	（三）债务重组损失	
20	（四）非常损失	
21	（五）捐赠支出	
22	（六）赞助支出	
23	（七）罚没支出	
24	（八）坏账损失	
25	（九）无法收回的债券股权投资损失	
26	（十）其他	

表4-5　　　　　　　　**A105000 纳税调整项目明细表**　　　　　　　单位：元

行次	项目	账载金额	税收金额	调增金额	调减金额
		1	2	3	4
1	一、收入类调整项目（2+3+…+8+10+11）	*	*		
2	（一）视同销售收入（填写A105010）	*			*
3	（二）未按权责发生制原则确认的收入（填写A105020）				
4	（三）投资收益（填写A105030）				
5	（四）按权益法核算长期股权投资对初始投资成本调整确认收益	*	*	*	

续表

行次	项目	账载金额	税收金额	调增金额	调减金额
		1	2	3	4
6	（五）交易性金融资产初始投资调整	*	*		*
7	（六）公允价值变动净损益		*		
8	（七）不征税收入	*	*		
9	其中：专项用途财政性资金（填写A105040）	*	*		
10	（八）销售折扣、折让和退回				
11	（九）其他				
12	二、扣除类调整项目（13+14+…+24+26+27+28+29+30）	*	*		
13	（一）视同销售成本（填写A105010）	*		*	
14	（二）职工薪酬（填写A105050）				
15	（三）业务招待费支出				*
16	（四）广告费和业务宣传费支出（填写A105060）	*	*		
17	（五）捐赠支出（填写A105070）				
18	（六）利息支出				
19	（七）罚金、罚款和被没收财物的损失		*		*
20	（八）税收滞纳金、加收利息		*		*
21	（九）赞助支出		*		*
22	（十）与未实现融资收益相关在当期确认的财务费用				
23	（十一）佣金和手续费支出（保险企业填写A105060）				
24	（十二）不征税收入用于支出所形成的费用	*	*		*
25	其中：专项用途财政性资金用于支出所形成的费用（填写A105040）	*	*		*
26	（十三）跨期扣除项目				
27	（十四）与取得收入无关的支出		*		*
28	（十五）境外所得分摊的共同支出	*	*		*
29	（十六）党组织工作经费				

续表

行次	项目	账载金额	税收金额	调增金额	调减金额
		1	2	3	4
30	（十七）其他				
31	三、资产类调整项目（32+33+34+35）	*	*		
32	（一）资产折旧、摊销（填写A105080）				
33	（二）资产减值准备金		*		
34	（三）资产损失（填写A105090）				
35	（四）其他				
36	四、特殊事项调整项目（37+38+…+43）	*	*		
37	（一）企业重组及递延纳税事项（填写A105100）				
38	（二）政策性搬迁（填写A105110）	*	*		
39	（三）特殊行业准备金（填写A105120）				
40	（四）房地产开发企业特定业务计算的纳税调整额（填写A105010）	*			
41	（五）合伙企业法人合伙人应分得的应纳税所得额				
42	（六）发行永续债利息支出				
43	（七）其他	*	*		
44	五、特别纳税调整应税所得	*	*		
45	六、其他	*	*		
46	合计（1+12+31+36+44+45）	*	*		

参考答案

项目五　个人所得税计算与智能申报

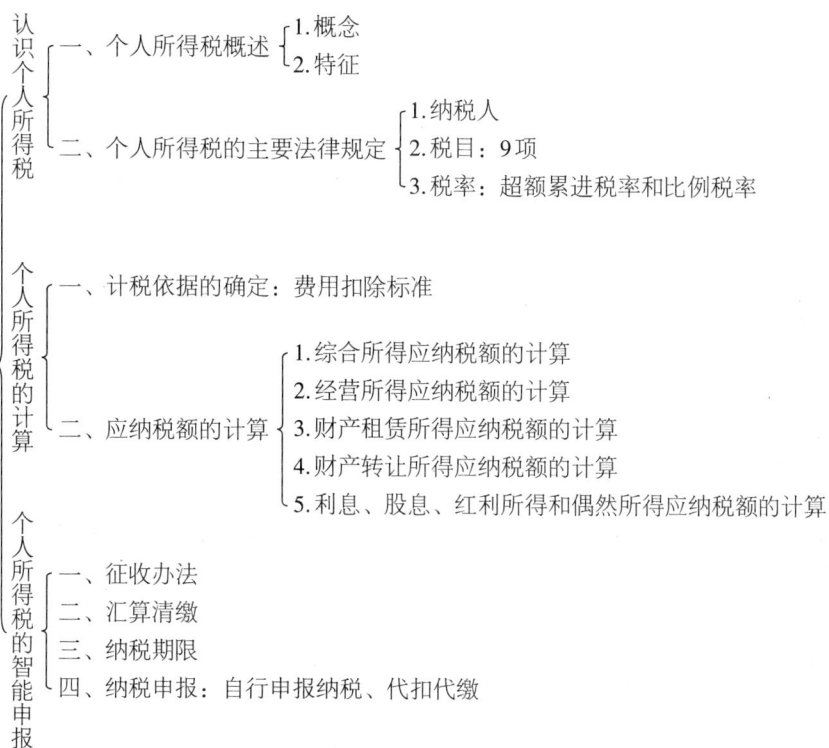

知识框架

认识个人所得税
- 一、个人所得税概述
  - 1. 概念
  - 2. 特征
- 二、个人所得税的主要法律规定
  - 1. 纳税人
  - 2. 税目：9项
  - 3. 税率：超额累进税率和比例税率

个人所得税的计算
- 一、计税依据的确定：费用扣除标准
- 二、应纳税额的计算
  - 1. 综合所得应纳税额的计算
  - 2. 经营所得应纳税额的计算
  - 3. 财产租赁所得应纳税额的计算
  - 4. 财产转让所得应纳税额的计算
  - 5. 利息、股息、红利所得和偶然所得应纳税额的计算

个人所得税的智能申报
- 一、征收办法
- 二、汇算清缴
- 三、纳税期限
- 四、纳税申报：自行申报纳税、代扣代缴

任务5.1　认识个人所得税

重点难点

1.个人所得税的纳税人。

2.个人所得税的9项应税所得。

学习指导

1.根据住所和居住时间判断居民纳税人和非居民纳税人，是计算个人所得税的基础。

2.熟记9项应税所得的具体内容，借以判断哪些个人所得应缴纳个人所得税，应按何种所得纳税。

同步练习

一、单项选择题（在每小题列出的四个选项中，只有一项符合题目要求，请将符合题目要求的选项选出）

1.下列属于我国税法规定的个人所得税纳税人的是（　　）。

A.有限责任公司　　　　　　　　　　B.股份有限公司

C.国有大中型企业　　　　　　　　　D.个人独资企业

2.《中华人民共和国个人所得税法》规定的居民纳税人应当缴纳个人所得税的应税所得包括（　　）所得。

A.来源于中国境内的　　　　　　　　B.来源于中国境外的

C.来源于中国境内和境外的　　　　　D.中国境内企事业单位支付的

3.下列所得中，属于劳务报酬所得的是（　　）。

A.个人独立从事制图取得的所得

B.教师为受雇任职学校讲课取得的所得

C.临时工为单位安装作业取得的所得

D.雇员取得的年终分红

4.下列各项所得中，不能按经营所得项目征税的是（　　）。

A.个人因从事彩票代销业务取得的所得

B.个体工商户对外投资取得的股利

C.个人独资企业的投资者取得的所得

D.私人开办诊所取得的所得

5.红利，又称公司（企业）分红，是指股份有限公司或企业根据应分配的利润分配超过股息部分的利润。对红利所得计征个人所得税应按（　　　）征收。

A.偶然所得
B.特许权使用费所得

C.财产转让所得
D.利息、股息、红利所得

6.下列各项所得中，适用三级超额累进税率预扣预缴个人所得税的是（　　　）。

A.个体工商户的生产经营所得
B.劳务报酬所得

C.稿酬所得
D.特许权使用费所得

7.根据《中华人民共和国个人所得税法》的规定，转让土地使用权取得的所得适用的税目是（　　　）。

A.财产转让所得
B.特许权使用费所得

C.劳务报酬所得
D.偶然所得

8.经有关部门批准，王医生开办了一家私人诊所，其取得的医疗收入应缴纳个人所得税，属于（　　　）。

A.工资、薪金所得
B.劳务报酬所得

C.经营所得
D.综合所得

9.某画家2023年11月份将其精选的书画作品交由某出版社出版，从出版社取得报酬10万元。该笔报酬在预扣预缴个人所得税时适用的税目是（　　　）。

A.劳务报酬所得
B.工资、薪金所得

C.稿酬所得
D.特许权使用费所得

10.某大学研究生2023年12月份利用业余时间帮助其导师翻译书稿，取得收入6 000元。该笔报酬在缴纳个人所得税时适用的税目是（　　　）。

A.工资、薪金所得
B.劳务报酬所得

C.稿酬所得
D.特许权使用费所得

二、多项选择题（在每小题列出的四个选项中，有两项或两项以上符合题目要求，请将符合题目要求的选项选出）

1.稿酬所得是指个人因其作品出版、发表而取得的所得，具体形式包括（　　　）。

A.图书
B.报刊
C.字画
D.翻译

2.下列所得应按特许权使用费所得征收个人所得税的有（　　　）。

A.专利权
B.著作权
C.稿酬
D.非专利技术

3.下列项目中，属于劳务报酬所得的有（　　　）。

A.发表论文取得的报酬

B.到某高校讲学取得的报酬

C.将国外的作品翻译出版取得的报酬

D.高校教师受出版社委托进行审稿取得的报酬

4.某画家2023年11月份将其精选的书画作品交由某出版社出版，从出版社取得报酬10万元。2023年年底该书版权又被出版社买断，获得报酬38万元。该画家在缴纳个人所得税时适用的税目包括（　　　）。

A.特许权使用费所得
B.劳务报酬所得

C.稿酬所得   D.工资、薪金所得

5.我国个人所得税的税率形式有两类，分别是（   ）。

A.超额累进税率   B.超率累进税率

C.定额税率   D.比例税率

6.在《中华人民共和国个人所得税法》中适用20%比例税率的所得项目包括（   ）。

A.财产租赁所得   B.财产转让所得

C.偶然所得   D.利息、股息、红利所得

7.在《中华人民共和国个人所得税法》中适用五级超额累进税率的所得项目包括（   ）。

A.个体工商户从事生产经营活动取得的所得

B.个人独资企业的投资人、合伙企业的个人合伙人来源于境内注册的个人独资企业、合伙企业生产经营的所得

C.个人依法从事办学、医疗、咨询以及其他有偿服务活动取得的所得

D.个人对企业、事业单位承包经营、承租经营以及转包、转租取得的所得

8.根据《中华人民共和国个人所得税法》的规定，下列各项属于居民纳税人的有（   ）。

A.在中国境内有住所的个人

B.在中国境内无住所而在中国境内居住满183天的个人

C.在中国境内无住所又不居住的个人

D.在中国境内无住所而在中国境内居住不满183天的个人

9.下列个人所得在计算应纳税所得额时，采用定额与定率相结合扣除费用的有（   ）。

A.劳务报酬所得   B.稿酬所得

C.特许权使用费所得   D.财产租赁所得

10.下列各项所得中，按期计算个人所得税的有（   ）。

A.劳务报酬所得   B.经营所得

C.利息、股息、红利所得   D.工资、薪金所得

三、判断题（判断正误，正确的打"√"，错误的打"×"）

1.某日本公民于2022年1月1日至2023年4月30日在中国境内工作，该日本公民不是中国个人所得税的居民纳税人。   （   ）

2.《中华人民共和国个人所得税法》中判定居民纳税人和非居民纳税人的住所标准，是指习惯性居住地。   （   ）

3.在超额累进税率下，纳税人的所得额越高，超额所得部分适用的税率就越高。
                                                      （   ）

4.独资企业和合伙企业需要先缴纳企业所得税，再计算缴纳个人所得税。   （   ）

5.个人所得税的征税对象不仅包括个人，还包括具有自然人性质的企业。   （   ）

6.个人取得的财产转让所得按年征收个人所得税。   （   ）

7.张教授利用业余时间为某城市打造城市名片收集历史资料，取得的收入应按稿酬所得缴纳个人所得税。　　　　　　　　　　　　　　　　　　　　（　　　）

8.对个人取得的股息所得，按每次收入额减除20%征收个人所得税。　（　　　）

9.个人所得税的纳税人不包括在中国境内无住所且在境内居住不满183天的个人。　　　　　　　　　　　　　　　　　　　　　　　　　　（　　　）

10.对个人取得的偶然所得，按20%的比例税率征收个人所得税。　（　　　）

参考答案

任务5.2　个人所得税的计算

重点难点

1.个人所得税应纳税所得额的确定。

2.个人所得税应纳税额的计算。

3.个人所得税的税收优惠。

学习指导

1.熟记个人所得税9项应税所得的计算公式。

2.确定个人应纳税所得额，关键要掌握费用的减除标准，它是个人所得税最重要的内容。

3.个人所得税的税收优惠较多地出现在客观题中，学习时应了解各免税项目、减税项目、暂免征税的具体规定。

4.结合企业所得税，学习个人所得税的境外所得的税额扣除。

同步练习

一、单项选择题（在每小题列出的四个选项中，只有一项符合题目要求，请将符合题目要求的选项选出）

1.居民个人每一纳税年度的综合所得，计算应纳税所得额时，允许减除的基本费用扣除标准是（　　　）。

A.60 000元　　　　　B.5 000元　　　　　C.35 000元　　　　　D.3 500元

2.在计算个人所得税时，纳税人的3岁以下婴幼儿照护的相关支出，按照每个子女（   ）的标准定额扣除。

A.每年24 000元（每月2 000元）　　　　B.每年4 800元（每月400元）

C.每年9 600元（每月800元）　　　　D.每年13 200元（每月1 100元）

3.扣缴义务人向居民个人支付劳务报酬所得，预扣预缴个人所得税时，费用扣除标准是（   ）。

A.当每次收入不足4 000元时，允许从收入中扣除800元的费用；当每次收入在4 000元以上时，允许从收入中扣除收入的20%

B.当每次收入不足4 000元时，允许从收入中扣除1 000元的费用；当每次收入在4 000元以上时，允许从收入中扣除收入的20%

C.当每次收入不足4 000元时，不允许从收入中扣除费用；当每次收入在4 000元以上时，允许从收入中扣除收入的20%

D.当每次收入不足4 000元时，允许从收入中扣除800元的费用；当每次收入在4 000元以上时，允许从收入中扣除收入的30%

4.某中国公民，因向甲出版社投稿，一次性获得稿酬收入3 000元，出版社在预扣预缴个人所得税时，应纳税所得额为（   ）。

A.600元　　　　B.1 000元　　　　C.1 540元　　　　D.2 000元

5.计算个人利息、股息、红利所得的应纳税所得额时，允许每次从收入中扣除的费用为（   ）。

A.800元　　　　B.1 000元　　　　C.0　　　　D.收入的20%

6.下列所得免征个人所得税的是（   ）。

A.股息所得　　　　　　　　　　B.红利所得

C.企业债券利息所得　　　　　　D.个人储蓄存款的利息所得

7.高级工程师王先生2023年11月份从A国取得特许权使用费收入20 000元，该收入在A国已纳个人所得税3 000元；同时从A国取得利息收入1 400元，该收入在A国已缴纳个人所得税300元。王先生11月份应在中国补缴的个人所得税为（   ）。

A.0　　　　B.180元　　　　C.200元　　　　D.280元

8.李先生2023年10月份将房屋出租给张先生居住，取得租金收入5 500元，当月发生修缮费1 000元，不考虑其他相关税费，李先生当月应缴纳的个人所得税为（   ）。

A.376元　　　　B.340元　　　　C.720元　　　　D.680元

9.李女士参加商场抽奖活动，中奖取得2 500元的所得，李女士应缴纳的个人所得税为（   ）。

A.500元　　　　B.340元　　　　C.400元　　　　D.300元

10.根据《中华人民共和国个人所得税法》的规定，下列各项中应该减按10%的税率计算征收个人所得税的是（   ）。

A.李老师将自有的房屋用于出租给个人居住，取得租金收入3 000元

B.张经理取得的股息红利收入2 000元

C.李教授将自己居住2年的一幢别墅转让，取得收入100万元

D.陈先生参与商场抽奖，中奖取得所得2 000元

二、多项选择题（在每小题列出的四个选项中，有两项或两项以上符合题目要求，请将符合题目要求的选项选出）

1.居民个人的综合所得，以每一纳税年度的收入额减除（　　　）后的余额，为应纳税所得额。

A.费用60 000元　　　　　　　　　　B.专项扣除

C.专项附加扣除　　　　　　　　　　D.依法确定的其他扣除

2.居民个人每一纳税年度的综合所得，计算应纳税所得额时，允许减除的专项扣除包括（　　　）。

A.基本养老保险　　　　　　　　　　B.基本医疗保险

C.失业保险　　　　　　　　　　　　D.住房公积金

3.居民个人每一纳税年度的综合所得，计算应纳税所得额时，允许减除的专项附加扣除包括（　　　）。

A.3岁以下婴幼儿照护、子女教育和继续教育支出

B.住房贷款利息和住房租金支出

C.赡养老人支出

D.大病医疗支出

4.某高校退休职工夏先生2023年11月份取得下列收入，下列各项中可以免缴个人所得税的有（　　　）。

A.退休工资3 750元　　　　　　　　B.国库券利息收入1 100元

C.稿酬收入1 600元　　　　　　　　D.省政府颁发的环保奖金20 000元

5.下列项目在计征个人所得税时，允许从总收入中减除费用800元的有（　　　）。

A.承租、承包所得

B.外企中方雇员的工资、薪金所得

C.提供咨询服务一次取得收入2 000元

D.出租房屋收入3 000元

6.下列各项个人所得中，应当征收个人所得税的有（　　　）。

A.企业集资利息　　　　　　　　　　B.从股份公司取得股息

C.企业债券利息　　　　　　　　　　D.国家发行的金融债券利息

7.2023年侯某通过境内非营利社会团体进行的下列捐赠中，准予税前全额扣除的有（　　　）。

A.侯某将1月份工资捐赠给非营利性老年服务机构

B.侯某将2月份工资捐赠给农村义务教育

C.侯某将3月份工资捐赠给红十字会

D.侯某将4月份工资捐赠给公益性青少年活动场所

8.财产转让所得中可扣除的费用有（　　　）。

A.必要费用的扣除，即定额扣800元或20%的费用

B.财产原值

C.合理费用

D.所计提的折旧

9.根据《中华人民共和国个人所得税法》的规定，下列各项所得在计征个人所得税时不能扣除任何费用的有（　　　）。

A.利息、股息、红利所得　　　　　　　B.特许权使用费所得

C.偶然所得　　　　　　　　　　　　　D.稿酬所得

10.根据《中华人民共和国个人所得税法》的规定，下列项目在计征个人所得税时需要从总收入中减除20%费用的有（　　　）。

A.王老师在中海大学兼职讲学，取得5 000元的收入

B.作家李教授出版作品，取得稿酬收入8 000元

C.张医生将自有房产出租，每月取得租金2 000元

D.孙先生将自己拥有的一项专利权转让给他人使用，取得12 000元的所得

三、判断题（判断正误，正确的打"√"，错误的打"×"）

1.对个人购买符合规定的商业健康保险产品的支出，允许在当年（月）计算应纳税所得额时予以税前扣除，扣除限额为2 400元/年（200元/月）。　　　　　　（　　）

2.个人将其应税所得全部用于公益救济性捐赠的，可不承担缴纳个人所得税义务。　　　　　　　　　　　　　　　　　　　　　　　　　　　　　　（　　）

3.偶然所得缴纳个人所得税的应纳税所得额为每次收入额减除20%的费用。（　　）

4.个人从单位退休后，领取的退休工资数额较大的，应缴纳个人所得税。（　　）

5.纳税人接受学历继续教育的支出，在学历教育期间按照每年4 800元（每月400元）定额扣除。　　　　　　　　　　　　　　　　　　　　　　　　　　（　　）

6.纳税人本人及其配偶承租的住房位于济南市的，且符合条件的，按照每年14 400元（每月1 200元）的标准定额扣除。　　　　　　　　　　　　　　　　　（　　）

7.纳税人赡养2个及以上老人的，赡养老人支出按老人人数加倍扣除。（　　）

8.职工个人取得的年终奖金应与当月的工资、薪金所得分开计税。（　　）

9.根据《中华人民共和国个人所得税法》的规定，纳税人从中国境外取得的所得，准予其在应纳税额中据实扣除已在境外缴纳的个人所得税。　　　　　　　（　　）

10.国债和国家发行的金融债券的利息属于个人所得税的免税项目。（　　）

四、计算题（要求列出计算步骤，运算得数精确到小数点后两位）

1.2023年，小李月薪30 000元，由企业代扣代缴的"三险一金"为6 200元，父母都未满60岁，育有一子，正在上大学，每月需要还住房贷款（首套）2 000元。经约定，上述专项附加扣除项目均由小李本人扣除。

要求：按照累计预扣法计算，分别计算小李1月份、2月份、3月份应预扣预缴的个人所得税。

2.明光公司职工张先生2023年度每月工资均为20 000元，由企业代扣代缴的"三险一金"为4 200元，育有一女，在上小学，父母均已满60岁（每月均领取养老保险金），张先生为独生子女。经约定，上述专项附加扣除均由张先生本人在税前扣除。

要求：计算张先生每月应预缴的个人所得税。

3.中国公民王先生2023年度取得下列收入：

（1）向他人提供专利权使用，取得收入30 000元。

（2）周末赴外地讲学取得报酬6 000元。

（3）出版小说一部，获得稿酬30 000元。

（4）年初投资于明月商务酒店，年底分红8 000元，另取得一年期定期存款利息6 000元。

（5）将一处闲置房屋转让，售价300 000元，原购买价250 000元，卖房过程中缴纳有关费用10 000元（买卖价格中均不含增值税）。

（6）花50元购买刮刮乐彩票，中奖30 000元。

（7）出租住房取得收入1 800元。

（8）取得车辆保险赔款25 000元。

要求：计算王先生各项收入应缴纳的个人所得税。

4.临沂大学老师黄某，2024年1月份取得工资收入9 200元，由企业代扣代缴的"三险一金"为2 200元，专项附加扣除为1 000元，取得年终一次性奖金25 000元（不并入当年综合所得，单独计算）。

要求：计算黄某应缴纳的个人所得税。

5.演员王某2023年10月份应邀到外地演出，取得出场费40 000元。

要求：（1）计算王某应缴纳的个人所得税。

（2）假如王某从中拿出8 000元进行公益捐赠，计算王某应缴纳的个人所得税。

（3）假如王某从中拿出10 000元进行公益捐赠，计算王某应缴纳的个人所得税。

（4）假如王某从中拿出20 000元进行公益捐赠，计算王某应缴纳的个人所得税。

（5）假如王某从中拿出40 000元进行公益捐赠，计算王某应缴纳的个人所得税。

参考答案

任务5.3　个人所得税的智能申报

✎ 重点难点

1.个人所得税自行申报纳税和代扣代缴纳税。

2.个人所得税纳税申报表的填制。

学习指导

1.熟记并会判断个人所得税自行申报纳税和代扣代缴纳税的纳税人、纳税期限、纳税地点。

2.结合实例，根据填表说明及表与附表之间的勾稽关系，掌握纳税申报表的填报。填报时一定要冷静分析、认真仔细。

同步练习

一、单项选择题（在每小题列出的四个选项中，只有一项符合题目要求，请将符合题目要求的选项选出）

1.根据《中华人民共和国个人所得税法》的规定，个人所得税的征收方式是（   ）。

A.由税务机关上门征收 　　　　　B.由个人自行申报

C.个人自行申报和代扣代缴相结合 　　D.由单位代扣代缴

2.居民个人取得综合所得，需要办理汇算清缴的，办理汇算清缴的期限是（   ）。

A.次年1月1日至3月31日 　　　　B.次年1月1日至5月31日

C.次年3月1日至6月30日 　　　　D.次年3月1日至8月30日

3.实行个人所得税全员全额扣缴申报的应税所得不包括（   ）。

A.劳务报酬所得 　　　　　　　B.稿酬所得

C.偶然所得 　　　　　　　　D.经营所得

4.纳税人取得利息、股息、红利所得和偶然所得，由扣缴义务人代扣代缴税款，扣缴期限是（   ）。

A.按次 　　　B.按月 　　　C.按半年 　　　D.按年

5.查账征收的个体工商户业主在中国境内取得经营所得，进行汇算清缴申报时，应填报（   ）。

A.个人所得税经营所得纳税申报表（A表）

B.个人所得税经营所得纳税申报表（B表）

C.个人所得税经营所得纳税申报表（C表）

D.个人所得税经营所得纳税申报表（D表）

二、多项选择题（在每小题列出的四个选项中，有两项或两项以上符合题目要求，请将符合题目要求的选项选出）

1.个人所得税需要自行申报纳税的情形包括（   ）。

A.取得综合所得需要办理汇算清缴

B.取得应税所得，扣缴义务人未扣缴税款

C.因移居境外注销中国户籍

D.取得境外所得

2.实行个人所得税全员全额扣缴申报的应税所得包括（　　　）。

A.工资、薪金所得　　　　　　　　B.偶然所得

C.经营所得　　　　　　　　　　　D.财产租赁所得

3.下列关于我国现行个人所得税的表述，正确的有（　　　）。

A.实行综合和分类相结合的所得税制

B.累进税率和比例税率并用

C.实行的是综合与分类相结合的所得税制

D.采取自行申报和代扣代缴两种征收方法

三、判断题（判断正误，正确的打"√"，错误的打"×"）

1.单位向本单位个人支付应税所得时，应代扣代缴个人所得税；单位向外单位个人支付应税所得时，不用扣缴个人所得税。　　　　　　　　　　　　　　（　　　）

2.纳税人有中国公民身份号码的，以中国公民身份号码为纳税人识别号。（　　　）

3.某税务代理公司为客户计算出某月应扣缴个人所得税后，应在当月15日内将税款缴入国库。　　　　　　　　　　　　　　　　　　　　　　　　　（　　　）

4.纳税人同时从两处以上取得工资、薪金所得，对同一专项附加扣除项目在一个纳税年度内只能选择从一处取得的所得中减除。　　　　　　　　　　　　（　　　）

5.纳税人从两处取得综合所得，且综合所得年收入额减除专项扣除的余额超过6万元，应当于次年3月1日至6月30日内，向任职、受雇单位所在地主管税务机关办理纳税申报。　　　　　　　　　　　　　　　　　　　　　　　　　　　　（　　　）

四、实训题

（一）实训目的

掌握工资、薪金所得预扣预缴个人所得税的计算。

（二）实训资料

光华公司职工李先生2024年1月份取得工资收入24 000元，由企业代扣代缴的"三险一金"为4 800元（其中，基本养老保险3 045元、基本医疗保险310元、失业保险90元、住房公积金1 355元），缴纳企业年金300元，自行购买符合规定的商业健康保险产品支出200元。李先生育有一儿一女，均在上小学，去年使用商业银行个人住房贷款购买了首套住房，现处于偿还贷款期间，每月支付贷款利息1 000元。李先生为独生子，父母均已满60岁（每月均领取养老保险金）。经约定，上述专项附加扣除项目均由李先生本人在税前扣除。

（三）实训要求

计算光华公司应预扣预缴的个人所得税，并填写个人所得税扣缴申报表（见表5-1）。

个人所得税扣缴申报表

表5-1

税款所属期：　年　月　日至　年　月　日

扣缴义务人名称：

扣缴义务人纳税人识别号（统一社会信用代码）：□□□□□□□□□□□□□□□□□□

金额单位：人民币元（列至角分）

序号	姓名	身份证件类型	身份证件号码	纳税人识别号	是否为非居民个人	所得项目	本月（次）情况														累计情况（工资、薪金）													税款计算							备注
							收入额计算				专项扣除				其他扣除						累计收入额	累计减除费用	累计专项扣除	累计专项附加扣除						累计其他扣除	减按计税比例	准予扣除的捐赠额	应纳税所得额	税率/预扣率	速算扣除数	应纳税额	减免税额	已扣缴税额	应补/退税额	
							收入	费用	免税收入	减除费用	基本养老保险费	基本医疗保险费	失业保险费	住房公积金	年金	商业健康保险	税延养老保险	财产原值	允许扣除的税费	其他				子女教育	继续教育	住房贷款利息	住房租金	赡养老人	3岁以下婴幼儿照护											
1	2	3	4	5	6	7	8	9	10	11	12	13	14	15	16	17	18	19	20	21	22	23	24	25	26	27	28	29	30	31	32	33	34	35	36	37	38	39	40	41
合计																																								

谨声明：本扣缴申报表是根据国家税收法律法规及相关规定填报的，是真实的、可靠的、完整的。

扣缴义务人（签章）：

经办人签字：

经办人身份证件号码：

代理机构签章：

代理机构统一社会信用代码：

受理人：

受理税务机关（章）：

受理日期：　年　月　日

参考答案

项目六　其他税费计算与智能申报

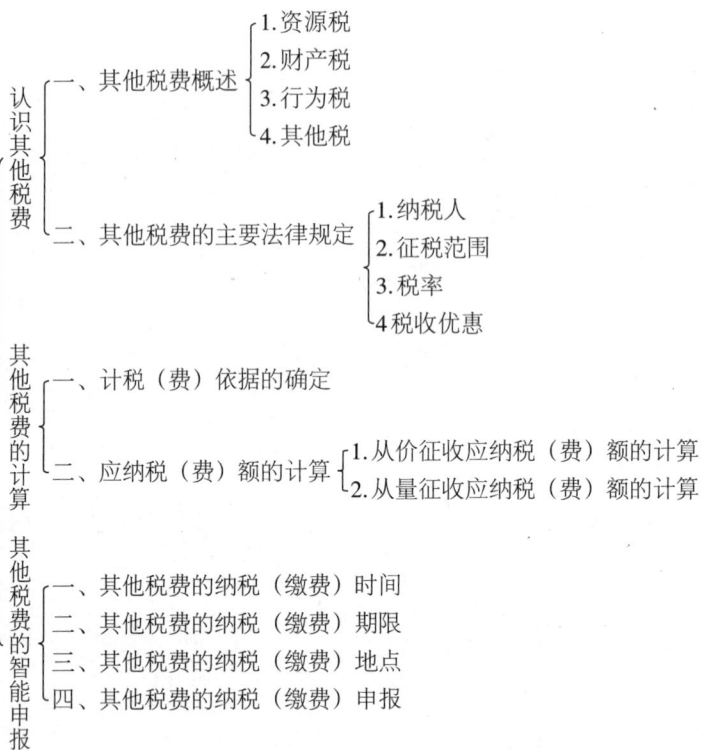

知识框架

认识其他税费
- 一、其他税费概述
  - 1.资源税
  - 2.财产税
  - 3.行为税
  - 4.其他税
- 二、其他税费的主要法律规定
  - 1.纳税人
  - 2.征税范围
  - 3.税率
  - 4.税收优惠

其他税费的计算
- 一、计税（费）依据的确定
- 二、应纳税（费）额的计算
  - 1.从价征收应纳税（费）额的计算
  - 2.从量征收应纳税（费）额的计算

其他税费的智能申报
- 一、其他税费的纳税（缴费）时间
- 二、其他税费的纳税（缴费）期限
- 三、其他税费的纳税（缴费）地点
- 四、其他税费的纳税（缴费）申报

任务6.1　资源税的计算与智能申报

重点难点

1.资源税的概念、种类、征税对象、税率。
2.资源税应纳税额的计算和纳税申报。

学习指导

1.通过练习，理解并掌握资源税的基本概念。资源税是国家为了调节资源级差收入、促进企业公平竞争和保护自然资源而征收的一种税。学生应关注最新的资源税改革。
2.结合实例，根据填表说明及表内关系，掌握纳税申报表的填报。

同步练习

一、单项选择题（在每小题列出的四个选项中，只有一项符合题目要求，请将符合题目要求的选项选出）

1.下列不属于资源税的应税项目的是（　　　）。
A.铁矿原矿　　　B.食盐　　　C.石油　　　D.原煤
2.我国资源税中对主要资源品目实行的税率形式是（　　　）。
A.比例税率　　　B.定额税率　　　C.全额累进税率　　　D.超额累进税率
3.下列企业既是增值税纳税人，又是资源税纳税人的是（　　　）。
A.在境内销售有色金属矿产品的贸易公司
B.进口有色金属矿产品的企业
C.在境内开采有色金属矿进行销售的企业
D.在境外开采有色金属矿进行销售的企业
4.纳税人所缴纳的资源税，应当向应税产品的（　　　）税务机关缴纳。
A.销售所在地　　　　　　　B.机构所在地
C.居住所在地　　　　　　　D.开采地或者生产地
5.纳税人用已纳资源税的应税产品进一步加工应税产品销售的，（　　　）。
A.还应再次缴纳资源税
B.还应再次缴纳资源税，已缴纳部分可以扣除
C.不再缴纳资源税
D.减半缴纳资源税

二、多项选择题（在每小题列出的四个选项中，有两项或两项以上符合题目要求，请将符合题目要求的选项选出）

1.资源税的征税范围包括（   ）。

A.原煤　　　　　　B.石墨　　　　　　C.海盐　　　　　　D.人造石油

2.资源税的税目包括（   ）。

A.能源矿产　　　　　　　　　　　B.金属矿产

C.非金属矿产　　　　　　　　　　D.水气矿产、盐

3.下列各项中，属于资源税的纳税人的有（   ）。

A.开采原煤的国有企业　　　　　　B.进口铁矿石的私营企业

C.开采石灰石的个体经营者　　　　D.开采天然气资源的境外投资商

4.下列关于资源税的表述，正确的有（   ）。

A.对主要资源品目实行从价征收，采用幅度比例税率

B.销售额不包括增值税销项税额

C.纳税人开采或者生产应税产品自用的，应当缴纳资源税（自用于连续生产应税产品的除外）

D.资源税在应税产品的开采环节计算缴纳

5.按照《中华人民共和国资源税法》的规定，关于资源税的表述，以下说法正确的有（   ）。

A.对取用地表水或者地下水的单位和个人试点征收水资源税

B.原油是资源税的应税资源，包括天然原油和人造石油

C.纳税人进口应税资源可不缴纳资源税，但要缴纳增值税和关税

D.开采资源税应税产品销售的，应向销售所在地的主管税务机关缴纳资源税

三、判断题（判断正误，正确的打"√"，错误的打"×"）

1.资源税是对开采、生产所有自然资源的单位和个人征收的一种税。（   ）

2.资源税对主要资源品目实行差别幅度税率，从价征收。（   ）

3.资源税的征税范围，包括能源矿产、金属矿产、非金属矿产、水气矿产和盐。

（   ）

四、计算题（要求列出计算步骤，运算得数精确到小数点后两位）

1.李庄矿业公司2023年11月份开采原煤500万吨，销售原煤300万吨，煤矿食堂使用自产原煤2.5万吨，加工车间动用本月开采的原煤100万吨生产洗煤30万吨，每吨不含税价为188元，当地政府规定的资源税适用税率为5%。

要求：计算该公司11月份应缴纳的资源税。

2.某砂石厂2023年12月份开采销售砂石4 000吨，按当地政府规定适用3元/吨的单位税额。

要求：计算该砂石厂12月份应缴纳的资源税。

五、实训题

山东华山石灰石矿业有限公司，2023年11月份开采石灰石3 000吨，销售石灰石2 000吨，每吨不含税价为45元。山东省石灰石资源税适用税率为3%。

要求：计算该公司11月份应缴纳的资源税，并填制财产和行为税纳税申报表及附表（见表6-1和表6-2）。

表6-1　　　　　　　　　　　**财产和行为税纳税申报表**

纳税人识别号（统一社会信用代码）：□□□□□□□□□□□□□□□□□□

纳税人名称：　　　　　　　　　　　　　　　　金额单位：人民币元（列至角分）

序号	税种	税目	税款所属期起	税款所属期止	计税依据	税率	应纳税额	减免税额	已缴税额	应补（退）税额
1										
2										
3										
4										
5										
6										
7										
8										
9										
10										
11	合计	—	—	—	—	—				

声明：此表是根据国家税收法律法规及相关规定填写的，本人（单位）对填报内容（及附带资料）的真实性、可靠性、完整性负责。

纳税人（签章）：　　年　月　日

经办人：

经办人身份证号：

代理机构签章：

代理机构统一社会信用代码：

受理人：

受理税务机关（章）：

受理日期：　　年　月　日

表6-2 **财产和行为税减免税明细申报附表**

纳税人识别号（统一社会信用代码）：□□□□□□□□□□□□□□□□□□

纳税人名称：　　　　　　　　　　　　　　　　　金额单位：人民币元（列至角分）

本期是否适用小微企业"六税两费"减免政策	□是□否	减免政策适用主体	增值税小规模纳税人：□是□否	
			增值税一般纳税人：□个体工商户□小型微利企业	
		适用减免政策起止时间	年　月至　　年　月	

合计减免税额	

城镇土地使用税

序号	土地编号	税款所属期起	税款所属期止	减免性质代码和项目名称	减免税额
1					
2					
小计	—			—	

房产税

序号	房产编号	税款所属期起	税款所属期止	减免性质代码和项目名称	减免税额
1					
2					
小计	—			—	

车船税

序号	车辆识别代码/船舶识别码	税款所属期起	税款所属期止	减免性质代码和项目名称	减免税额
1					
2					
小计	—			—	

印花税

序号	税目	税款所属期起	税款所属期止	减免性质代码和项目名称	减免税额
1					
2					
小计	—			—	

续表

资源税						
序号	税目	子目	税款所属期起	税款所属期止	减免性质代码和项目名称	减免税额
1						
2						
小计	—	—			—	

耕地占用税					
序号	税源编号	税款所属期起	税款所属期止	减免性质代码和项目名称	减免税额
1					
2					
小计	—			—	

契税					
序号	税源编号	税款所属期起	税款所属期止	减免性质代码和项目名称	减免税额
1					
2					
小计	—			—	

土地增值税					
序号	项目编号	税款所属期起	税款所属期止	减免性质代码和项目名称	减免税额
1					
2					
小计	—			—	

环境保护税						
序号	税源编号	污染物类别	污染物名称	税款所属期起	税款所属期止	减免性质代码和项目名称	减免税额
1						
2						
小计	—	—	—			—

声明：此表是根据国家税收法律法规及相关规定填写的，本人（单位）对填报内容（及附带资料）的真实性、可靠性、完整性负责。

纳税人（签章）：　　年 月 日

经办人： 经办人身份证号： 代理机构签章： 代理机构统一社会信用代码：	受理人： 受理税务机关（章）： 受理日期：　　年 月 日

参考答案

任务6.2　城镇土地使用税的计算与智能申报

重点难点

1.城镇土地使用税的概念、种类、征税对象、税率。
2.城镇土地使用税应纳税额的计算和纳税申报。

学习指导

1.通过练习，理解并掌握城镇土地使用税的基本概念。凡在城市、县城、建制镇、工矿区范围内使用土地的单位和个人，均应缴纳城镇土地使用税。
2.结合实例，根据填表说明及表内关系，掌握财产和行为税纳税申报表的填报。

同步练习

一、单项选择题（在每小题列出的四个选项中，只有一项符合题目要求，请将符合题目要求的选项选出）

1.城镇土地使用税的计税依据是（　　　　）。
A.自用的土地面积
B.拥有的土地面积
C.实际占用的土地面积
D.被税务部门认定的土地面积

2.几个单位共同拥有一块土地使用权，则纳税人为（　　　　）。
A.单位主管机关
B.税务机关核定的单位
C.其中实际占用土地面积最大的单位
D.对这块土地拥有使用权的每一个单位

3.城镇土地使用税采用的税率形式是（　　　　）。
A.全区统一的定额
B.有幅度差别的比例税率
C.全省统一的定额
D.有幅度差别的定额税率

4.下列各项免征城镇土地使用税的是（　　　　）。
A.宗教寺庙出租的土地
B.军队自用土地
C.学校出租的房屋
D.某商场占用土地

5.某人民团体有A、B两栋办公楼，A栋办公楼占地3 000平方米，B栋办公楼占地1 000平方米。2023年3月30日至12月31日，该团体将B栋办公楼出租。当地城镇土地使用税的年税额为每平方米15元，该团体2023年应缴纳的城镇土地使用税为（　　　　）。
A.3 750元
B.11 250元
C.12 500元
D.15 000元

6.某房地产企业2023年在6 000平方米的土地上开发建成一幢建筑面积为6万平方米的商品房，当地城镇土地使用税的单位年税额为每平方米3元，该企业2023年应缴纳的城镇土地使用税为（　　　）。

A.180 000元　　　　　B.18 000元　　　　　C.9 000元　　　　　D.90 000元

7.甲企业与乙企业按3∶1的占用比例共用一块土地，该土地占地面积3 000平方米，该土地所属地区城镇土地使用税的年税额为每平方米3元，该地区规定城镇土地使用税每半年缴纳一次，甲企业上半年应缴纳的城镇土地使用税为（　　　）。

A.1 125元　　　　　B.2 250元　　　　　C.6 750元　　　　　D.3 375元

8.在同一省、自治区、直辖市管辖范围内，纳税人跨区域使用土地，下列关于城镇土地使用税纳税地点的表述，正确的是（　　　）。

A.在纳税人注册地纳税

B.在土地所在地纳税

C.纳税人可自行选择纳税地点

D.由省、自治区、直辖市税务机关确定纳税地点

9.纳税人实际占用土地面积尚未组织测量，且未核发土地使用证书的，（　　　）。

A.免征城镇土地使用税

B.由房地产管理部门估定土地面积征收城镇土地使用税

C.由税务机关估定土地面积征收城镇土地使用税

D.由纳税人据实申报土地面积

10.新征用耕地应缴纳的城镇土地使用税，其纳税义务发生时间是（　　　）。

A.自批准征用之日起满3个月　　　　　B.自批准征用之日起满6个月

C.自批准征用之日起满1年　　　　　D.自批准征用之日起满2年

二、多项选择题（在每小题列出的四个选项中，有两项或两项以上符合题目要求，请将符合题目要求的选项选出）

1.城镇土地使用税的纳税人包括（　　　）。

A.土地的实际使用人　　　　　B.土地的代管人

C.拥有土地使用权的单位和个人　　　　　D.土地使用权共有的各方

2.城镇土地使用税的征税范围包括（　　　）。

A.城市　　　　　B.县城　　　　　C.工矿区　　　　　D.建制镇

3.土地使用权拥有人不在土地所在地或土地使用权尚未确定的，城镇土地使用税的纳税人包括（　　　）。

A.代管人　　　　　B.产权所有人　　　　　C.实际使用人　　　　　D.承典人

4.下列各项中，符合城镇土地使用税规定的有（　　　）。

A.城镇土地使用税实行按年计算、分期缴纳的征收方法

B.纳税人使用的土地不属于同一个省的，由纳税人向注册地税务机关缴纳

C.纳税单位无偿使用免税单位的土地，纳税单位应当缴纳城镇土地使用税

D.纳税人实际占有土地但尚未核发土地使用证书的，由税务机关核定计税依据

5.下列各项中，按税法规定免征城镇土地使用税的有（　　　）。

A.寺庙内宗教人员的宿舍用地   B.国家机关职工家属的宿舍用地

C.个人所有的居住房屋及院落用地 D.养殖基地专用土地

6.下列属于城镇土地使用税的纳税人的有（ ）。

A.拥有土地使用权的外资企业

B.用自有房产经营小卖部的个体工商户

C.拥有农村承包责任田的农民

D.权属纠纷未解决的土地使用权的实际使用人

三、判断题（判断正误，正确的打"√"，错误的打"×"）

1.凡在中国境内拥有土地使用权的单位和个人，均应依法缴纳城镇土地使用税。

（   ）

2.公园、名胜古迹内的索道公司的经营用地，应按规定缴纳城镇土地使用税。

（   ）

四、计算题（要求列出计算步骤，运算得数精确到小数点后两位）

某企业2023年实际占用土地面积6 000平方米，当地的城镇土地使用税税额标准为每平方米5元。

要求：计算该企业应缴纳的城镇土地使用税。

五、实训题

富华公司2022年占地面积20万平方米，2023年没有发生增减变化。其中，职工子弟学校占地2万平方米、幼儿园占地5 000平方米，当地的城镇土地使用税税额标准为每平方米24元。该公司每年分两次缴纳城镇土地使用税。

要求：计算该公司2023年度全年应缴纳的城镇土地使用税，并填制财产和行为税纳税申报表及附表（见表6-1和表6-2）。

参考答案

任务6.3 耕地占用税的计算与智能申报

 重点难点

1.耕地占用税的概念、种类、征税对象、税率。

2.耕地占用税应纳税额的计算和纳税申报。

学习指导

1.通过练习，理解并掌握耕地占用税的基本概念。耕地占用税以建房或从事其他非农业建设占用耕地为征税对象，对占用耕地用于兴修水利、发展林业等不征税，对占用非耕地建房或从事非农业建设者，也不征税。耕地占用税实行一次课征制。

2.结合实例，根据填表说明及表内关系，掌握财产和行为税纳税申报表的填报。

同步练习

一、单项选择题（在每小题列出的四个选项中，只有一项符合题目要求，请将符合题目要求的选项选出）

1.下列各项中，按照当地适用税额减半征收耕地占用税的是（　　）。

A.纳税人临时占用耕地

B.部队营房占用耕地

C.农村居民在规定用地标准以内占用耕地新建自用住宅

D.机场跑道占用耕地

2.获准占用耕地的单位和个人，缴纳耕地占用税应当在收到土地管理部门的通知之日起（　　）。

A.7日内　　　　　　B.15日内　　　　　　C.30日内　　　　　　D.60日内

3.以下关于耕地占用税的表述，不正确的是（　　）。

A.耕地占用税是以纳税人实际占用耕地面积为计税依据，按照规定税额一次征收

B.耕地占用税实行地区差别幅度比例税率

C.占用果园、桑园、竹园、药材种植园等园地从事非农业建设应照章征税

D.个人占用耕地建房也应缴纳耕地占用税

4.占用基本农田的，应当按照当地适用税额，加按一定比例征收。这一比例为（　　）。

A.120%　　　　　　B.130%　　　　　　C.150%　　　　　　D.100%

5.在下列情形中，属于免征耕地占用税的是（　　）。

A.医院占用耕地　　　　　　　　　　B.改建厂房占用鱼塘

C.高尔夫球场占用耕地　　　　　　　D.商品房建设占用林地

6.某农户有一处花圃，占地面积1 200平方米，2023年6月份将其中1 100平方米改造为果园，其余100平方米改造为住宅。已知该地适用的耕地占用税定额税率为每平方米25元，则该农户应缴纳的耕地占用税为（　　）。

A.1 250元　　　　　　B.2 500元　　　　　　C.15 000元　　　　　　D.30 000元

7.村民张某2022年承包耕地面积3 000平方米，2023年将其中300平方米用于新建住宅，其余耕地用途不变，即700平方米用于种植药材、2 000平方米用于种植水稻。当地耕地占用税定额税率为每平方米25元，张某应缴纳的耕地占用税为（　　）。

A.3 750元　　　　　　B.25 000元　　　　　　C.7 500元　　　　　　D.12 500元

8.以下关于耕地占用税的表述，正确的是（　　　　）。

A.耕地占用税由财政局负责征收

B.耕地占用税实行地区差别幅度比例税率

C.占用果园、桑园用以建房的应缴纳耕地占用税

D.军事设施占用耕地，减半征收耕地占用税

二、多项选择题（在每小题列出的四个选项中，有两项或两项以上符合题目要求，请将符合题目要求的选项选出）

1.耕地占用税的特点包括（　　　　）。

A.兼具资源税与特定行为税的性质　　　　B.采用地区差别税率

C.在占用耕地环节一次性征税　　　　　　D.以上都不对

2.耕地是指种植农作物的土地，包括（　　　　）。

A.人工开掘的水产养殖水面

B.药材种植园

C.弃荒的前1年曾用于种植农作物的土地

D.花圃

3.纳税人占用下列土地建房或从事非农业建设，应缴纳耕地占用税的有（　　　　）。

A.麦田　　　　　　B.桃园　　　　　　C.菜地　　　　　　D.茶园

4.下列关于耕地占用税的规定，正确的有（　　　　）。

A.耕地占用税实行地区差别幅度定额税率

B.人均耕地面积越少，耕地占用税单位税额就越高

C.耕地占用税由财政机关和税务机关联合征收

D.获准占用耕地的单位或者个人应当在收到自然资源主管部门的通知之日起30日内缴纳耕地占用税

5.下列减征耕地占用税的有（　　　　）。

A.军事设施占用耕地

B.学校、幼儿园、养老院、医院占用耕地

C.农村居民占用耕地新建住宅

D.铁路线路占用耕地

6.根据《中华人民共和国耕地占用税法》的规定，下列各项属于耕地的有（　　　　）。

A.橡胶园　　　　　B.花园　　　　　C.茶园　　　　　D.养殖水面

7.下列关于耕地占用税的表述，正确的有（　　　　）。

A.建设直接为农业生产服务的生产设施而占用农用耕地的，不征收耕地占用税

B.获准占用耕地的单位或个人，应当在收到土地管理部门的通知之日起60日内缴纳耕地占用税

C.免征或者减征耕地占用税后，纳税人改变原占地用途，不再属于免征或者减征耕地占用税情形的，应当按照当地适用税额补缴耕地占用税

D.纳税人临时占用耕地，应当依照规定缴纳耕地占用税，在批准临时占用耕地的

期限内恢复原状的，可部分退还已缴纳的耕地占用税

8.下列各项中，应征收耕地占用税的有（　　　）。

A.铁路线路占用耕地 B.学校占用耕地

C.公路线路占用耕地 D.军事设施占用耕地

9.下列关于耕地占用税的表述，正确的有（　　　）。

A.耕地占用税按年征收，分期缴纳 B.耕地占用税属于资源性税种

C.耕地占用税属于行为税类 D.耕地占用税与土地使用税实行交叉征收

10.下列关于耕地占用税法律制度规定的说法，正确的有（　　　）。

A.依照规定免征或者减征耕地占用税后，纳税人改变原占地用途，不再属于免征或者减征耕地占用税情形的，应当按照当地适用税额补缴耕地占用税

B.建设直接为农业生产服务的生产设施占用耕地的，征收耕地占用税

C.纳税人临时占用耕地的，可不缴纳耕地占用税

D.农民占用耕地建房免征耕地占用税

三、判断题（判断正误，正确的打"√"，错误的打"×"）

1.只要占用耕地就需要缴纳耕地占用税。 （　　　）

2.耕地占用税采用地区差别定额税率。 （　　　）

四、计算题（要求列出计算步骤，运算得数精确到小数点后两位）

2023年10月份，农村某村民新建住宅，经批准占用耕地200平方米。该地区适用的耕地占用税定额税率为22.5元/平方米，农村居民占用耕地新建住宅，按照当地适用税额减半征收耕地占用税。

要求：计算该村民应缴纳的耕地占用税。

五、实训题

飞花公司有一处花圃，占地1 200平方米。2023年11月份该公司将其中的1 100平方米改造为果园，其余100平方米建造办公楼，已知该地适用的耕地占用税定额税率为25元/平方米。

要求：计算该公司应缴纳的耕地占用税，并填制财产和行为税纳税申报表及附表（见表6-1和表6-2）。

参考答案

任务6.4　土地增值税的计算与智能申报

重点难点

1.土地增值税的概念、种类、征税对象、税率。
2.土地增值税应纳税额的计算和纳税申报。

学习指导

1.通过练习，理解并掌握土地增值税的基本概念。土地增值税是国家对有偿转让国有土地使用权、地上建筑物及其附着物的单位和个人，就其转让房地产所取得的增值额征收的一种税。

土地增值税只对转让国有土地使用权的行为征税，转让非国有土地和出让国有土地的行为均不征税。土地增值税只对有偿转让的房地产征税，对以继承、赠与等方式无偿转让的房地产，则不予征税。

2.结合实例，根据填表说明及表内关系，掌握财产和行为税纳税申报表的填报。

同步练习

一、单项选择题（在每小题列出的四个选项中，只有一项符合题目要求，请将符合题目要求的选项选出）

1.下列各项中应征收土地增值税的是（　　）。

A.用房地产进行投资　　　　　　　　B.兼并企业取得被兼并企业房地产

C.房地产的交换　　　　　　　　　　D.房地产的出租

2.计算土地增值税时，纳税人提供扣除项目金额不实的，应按照（　　）。

A.税务部门估定价格扣除

B.税务部门与房地产主管部门协商价格扣除

C.房地产评估价格扣除

D.房地产原值减除30%后的余值扣除

3.根据《中华人民共和国土地增值税法（征求意见稿）》的规定，纳税人到房地产所在地的主管税务机关办理纳税申报的时间为（　　）。

A.转让房地产合同签订后的5日内　　B.转让房地产合同签订后的7日内

C.转让房地产合同签订后的10日内　　D.转让房地产合同签订后的15日内

4.土地增值税实行（　　）。

A.超率累进税率　　B.超额累进税率　　C.比例税率　　　　D.定额税率

5.计算土地增值税时，如果纳税人不能按转让房地产项目计算分摊利息支出，其房地产开发费用按取得土地使用权所支付的金额与开发成本之和的一定比例计算扣除，该比例为（　　）。

A.15%以内　　　　　B.30%　　　　　C.10%以内　　　　　D.20%

二、多项选择题（在每小题列出的四个选项中，有两项或两项以上符合题目要求，请将符合题目要求的选项选出）

1.下列业务中，不属于土地增值税的征税范围的有（　　）。

A.单位之间交换房地产　　　　　B.房地产出租

C.房地产继承　　　　　　　　　D.房地产销售

2.下列选项中，不用缴纳土地增值税的有（　　）。

A.出租房屋并取得收入的行为　　　B.以房地产作为抵押向银行贷款的行为

C.房地产继承　　　　　　　　　　D.转让国有土地使用权

3.转让房地产涉及的税种有（　　）。

A.资源税　　　　　B.增值税　　　　　C.土地增值税　　　　　D.房产税

三、判断题（判断正误，正确的打"√"，错误的打"×"）

1.土地增值税仅涉及房地产开发企业。　　　　　　　　　　　　　　　（　　）

2.某单位支付土地出让金取得50年土地使用权，该支出不缴纳土地增值税。（　　）

四、计算题（要求列出计算步骤，运算得数精确到小数点后两位）

某房地产开发企业2023年11月份建造一住宅出售，取得销售收入2 000万元，按相关规定缴纳城市维护建设税及教育费附加107万元、印花税3万元。该企业建此住宅支付地价款和相关过户手续费200万元，开发成本400万元，利息支出无法准确计算分摊。该企业所在省人民政府规定的房地产开发费用的计算扣除比例为10%。

要求：计算该企业出售住宅应缴纳的土地增值税。

五、实训题

冬亮房地产开发公司与乐海公司于2023年12月份正式签署一写字楼转让合同，取得转让收入15 000万元，该房地产公司按照相关规定缴纳印花税、城市维护建设税及教育费附加825万元。已知该房地产公司为取得土地使用权而支付的地价款和按国家统一规定缴纳的有关费用共计3 000万元，房地产开发成本4 000万元，房地产开发费用的利息支出1 200万元（未按转让房地产项目计算分摊的利息支出，也无法提供金融机构的证明）。该房地产公司所在省人民政府规定的房地产开发费用的计算扣除比例为10%。

要求：计算该房地产公司应缴纳的土地增值税，并填制财产和行为税纳税申报表及附表（见表6-1和表6-2）。

参考答案

任务6.5　房产税的计算与智能申报

重点难点

1.房产税的概念、种类、征税对象、税率。
2.房产税应纳税额的计算和纳税申报。

学习指导

1.通过练习，理解并掌握房产税的基本概念。房产税在城市、县城、建制镇和工矿区范围内征收，而农村的房屋没有纳入征税范围。
2.结合实例，根据填表说明及表内关系，掌握财产和行为税纳税申报表的填报。

同步练习

一、单项选择题（在每小题列出的四个选项中，只有一项符合题目要求，请将符合题目要求的选项选出）

1.2022年，李某将面积为100平方米的住房出租，适用的房产税税率为（　　　）。

A.按房租的4%　　　　　　　　　　B.按房租的12%

C.按房租的1.2%　　　　　　　　　 D.按房屋余值的1.2%

2.纳税人经营自用的房屋缴纳房产税的计税依据是（　　　）。

A.房屋原值　　　B.房屋净值　　　C.市场价格　　　D.房屋余值

3.下列关于房产税纳税人的表述，不正确的是（　　　）。

A.房屋产权出典的，由承典人纳税

B.房屋出租的，由承租人纳税

C.房屋产权未确定的，由代管人或使用人纳税

D.产权人不在房屋所在地的，由房屋代管人或使用人纳税

4.下列各项中，属于房产税的征税对象的是（　　　）。

A.农民住房　　　　　　　　　　　　B.海军自用房产

C.公办高中自用房屋　　　　　　　　D.国有企业拥有的职工宿舍

5.下列房屋及建筑物中，属于房产税的征税范围的是（　　　）。

A.农村的居住用房　　　　　　　　　B.建在室外的露天游泳池

C.个人拥有的市区经营性用房　　　　D.尚未使用或出租的待售的商品房

6.某公司办公大楼原值30 000万元，2023年2月28日将其中部分闲置房间出租，租期2年。出租部分的房产原值为5 000万元，租金每年1 000万元（不含增值税）。当地

规定房产原值减除比例为20%，2023年该公司应缴纳的房产税为（　　　）。

　　A.228万元　　　　　　B.340万元　　　　　　C.348万元　　　　　　D.360万元

　　7.某公司2021年购进一处房产，2023年5月1日用于投资联营（收取固定收入，不承担联营风险），投资期为3年，当年取得固定收入160万元（不含增值税）。该房产原值3 000万元，当地政府规定的减除幅度为30%，该公司2023年应缴纳的房产税为（　　　）。

　　A.21.20万元　　　　　B.27.60万元　　　　　C.29.70万元　　　　　D.44.40万元

　　8.下列各项中，应作为经营房屋房产税的计税依据的是（　　　）。

　　A.房产售价　　　　　B.房产余值　　　　　C.房产原值　　　　　D.房产租金

　　9.2023年，某企业房产原值共计9 000万元。其中，该企业所属的幼儿园和子弟学校用房原值分别为300万元、800万元，当地政府确定计算房产余值的扣除比例为25%，该企业2023年应缴纳的房产税为（　　　）。

　　A.71.10万元　　　　　B.73.80万元　　　　　C.78.30万元　　　　　D.81万元

　　10.以下属于应缴纳房产税的房产是（　　　）。

　　A.集团公司的仓库　　　　　　　　　　B.加油站的罩棚

　　C.股份制企业的围墙　　　　　　　　　D.工厂的独立烟囱

二、多项选择题（在每小题列出的四个选项中，有两项或两项以上符合题目要求，请将符合题目要求的选项选出）

　　1.根据房产税法律制度的规定，下列关于房产税纳税人的表述，正确的有（　　　）。

　　A.产权属于国家所有的房屋，其经营管理单位为纳税人

　　B.产权属于集体所有的房屋，该集体单位为纳税人

　　C.产权属于个人所有的营业用房屋，该个人为纳税人

　　D.产权出典的房屋，出典人为纳税人

　　2.下列属于房产税的税率的有（　　　）。

　　A.1.2%　　　　　　B.3%　　　　　　C.5%　　　　　　D.12%

　　3.下列有关房产税纳税义务发生时间的规定，正确的有（　　　）。

　　A.购置新建商品房，自房屋交付使用的次月起缴纳房产税

　　B.纳税人自行新建房屋用于生产经营，从建成的当月起缴纳房产税

　　C.纳税人将原有房产用于生产经营，从生产经营的当月起缴纳房产税

　　D.纳税人委托施工企业建设的房屋，从办理验收手续的次月起缴纳房产税

　　4.下列属于房产税的征税范围的有（　　　）。

　　A.城市　　　　　　B.县城　　　　　　C.建制镇和工矿区　　　　D.农村

　　5.下列免征房产税的有（　　　）。

　　A.人民团体自用的房产　　　　　　　　B.财政拨付经费的事业单位的业务用房

　　C.个人所有的非营业用房　　　　　　　D.宗教寺庙出租的住房

　　6.下列情形中，应由房产代管人或者使用人缴纳房产税的有（　　　）。

　　A.房屋产权未确定的　　　　　　　　　B.房屋产权所有人不在房屋所在地的

　　C.房屋租典纠纷未解决的　　　　　　　D.房屋承典人不在房屋所在地的

7.下列有关房产税税率的表述，符合现行规定的有（　　　）。

A.工厂拥有并使用的车间适用1.2%的房产税税率

B.个体户房屋用于自办小卖部的适用1.2%的房产税税率

C.个人出租住房用于美容机构开设连锁店的适用12%的房产税税率

D.个人出租住房，不区分用途按4%的房产税优惠税率计税

8.下列选项中，属于房产税的征税范围的有（　　　）。

A.工业企业的厂房   B.商业企业的仓库

C.工业企业的厂区围墙   D.股份公司的露天游泳池

三、判断题（判断正误，正确的打"√"，错误的打"×"）

1.大中型企业所在地也是房产税的征税范围。   （　　　）

2.纳税单位与免税单位共用的房屋，应全部由纳税单位统一纳税。   （　　　）

3.寺庙自用的房产免税，但其出租或用于经营的房产应征税。   （　　　）

四、计算题（要求列出计算步骤，运算得数精确到小数点后两位）

某市居民王某有两套住房，市场价值共计200万元，2023年10月1日王某将其中一套价值120万元的住房出租给某企业办公，每月租金为8 000元，另一套住房自己居住。

要求：计算王某2023年应缴纳的房产税。

五、实训题

顺达公司2023年年初固定资产账户中反映的房产原值为3 000万元，建筑面积为3 000万平方米，本年没有发生增减变化。其中，房产原值为600万元、建筑面积为600万平方米的房屋在2020年年初就已经出租，租期为5年，每月租金为15万元。该公司每年分两次缴纳房产税，当地房产原值减除比例为30%。

要求：计算该公司2023年上半年应缴纳的房产税，并填制财产和行为税纳税申报表及附表（见表6-1和表6-2）。

参考答案

任务6.6　车船税的计算与智能申报

重点难点

1.车船税的概念、种类、征税对象、税率。

2.车船税应纳税额的计算和纳税申报。

学习指导

1.通过练习，理解并掌握车船税的基本概念。车船税的纳税人是车辆、船舶的所有人或者管理人。其征税范围包括依法不需要办理登记的车船，如乘用车、商用客车、商用货车、专用作业车、轮式专用机械车、摩托车、机动船舶、游艇。

2.结合实例，根据填表说明及表内关系，掌握财产和行为税纳税申报表的填报。

同步练习

一、单项选择题（在每小题列出的四个选项中，只有一项符合题目要求，请将符合题目要求的选项选出）

1.游艇的计税依据是（　　　）。

A.自重吨位　　　　　B.净吨位　　　　　C.艇身长度　　　　　D.辆

2.车船税的纳税义务发生时间，为车船管理部门核发的车船登记证书或者行驶证书所记载日期的（　　　）。

A.当日　　　　　　　B.当月　　　　　　C.次日　　　　　　　D.次月10日前

3.车船税的所有人或者管理人未缴纳车船税的，应当代为缴纳车船税的是（　　　）。

A.车船所有人　　　　　　　　　　　B.车船使用人

C.车船承租人　　　　　　　　　　　D.税务机关认定的纳税人

4.小轿车的车船税的计税依据为（　　　）。

A.购买价格　　　　　B.辆　　　　　　　C.净吨位　　　　　　D.自重吨位

5.下列各项中，应计算缴纳车船税的是（　　　）。

A.军队专用车船　　　　　　　　　　B.法院的警用车辆

C.人力三轮车　　　　　　　　　　　D.企业接送职工上下班的班车

6.某商厦有一辆客货两用车，为顾客送货，乘客座位4人，整备质量2吨。当地省政府规定，载客乘用车的车船税年税额为200元/辆，载货汽车的车船税年税额为40元/吨，该商厦每年应缴纳的车船税为（　　　）。

A.80元　　　　　　　B.180元　　　　　　C.200元　　　　　　　D.280元

7.下列各项中，符合车船税征收管理规定的是（　　　）。

A.扣缴义务人代收代缴车船税的，纳税地点为车船税登记地的主管税务机关所在地

B.依法需要办理登记的车船，纳税人自行申报缴纳车船税的，纳税地点为车船登记地的主管税务机关所在地

C.车船税纳税义务发生时间为取得车船所有权或者管理权的次月

D.不需要办理登记的车船不必缴纳车船税

8.某船运公司2023年度拥有旧机动船10艘，每艘净吨位1 500吨；2022年8月份新购置机动船4艘，每艘净吨位2 000吨。该公司机动船舶的车船税年税额为净吨位201～

2 000吨的，每吨4元。该公司2023年度应缴纳的车船税为（　　　）。

A.73 333.33元　　　　　B.74 673.33元　　　　　C.74 333.33元　　　　　D.92 000元

二、多项选择题（在每小题列出的四个选项中，有两项或两项以上符合题目要求，请将符合题目要求的选项选出）

1.根据车船税法律制度的规定，下列各项应征收车船税的有（　　　）。

A.私人拥有的汽车　　　　　　　　　B.外商投资企业拥有的汽车

C.国有运输企业拥有的货船　　　　　D.旅游公司拥有的客船

2.下列车船中，可享受车船税减免政策的有（　　　）。

A.货运车船　　　　　B.农用汽车　　　　　C.警用车船　　　　　D.捕捞用渔船

3.下列属于车船税的计税依据的有（　　　）。

A.辆　　　　　　　　B.容积　　　　　　　C.净吨位　　　　　　D.整备质量

4.以下关于我国车船税税目税率的表述，正确的有（　　　）。

A.车船税实行定额税率

B.客货两用汽车按照货车征税

C.半挂牵引车和挂车按照货车征税

D.拖船和非机动驳船分别按机动船舶税额的70%计税

5.下列车辆中，不征或免征车船税的有（　　　）。

A.自行车　　　　　　B.警用汽车　　　　　C.新能源汽车　　　　D.节能汽车

6.下列各项中，符合车船税征收管理规定的有（　　　）。

A.车船税按年申报，分月计算，一次性缴纳

B.纳税人自行申报缴纳车船税的，纳税地点为车船登记地的主管税务机关所在地

C.车船税纳税义务发生时间为取得车船所有权或者管理权的次月

D.依法不需要办理登记的车船，需要缴纳车船税

7.下列各项中，不征或免征车船税的有（　　　）。

A.工人的自行车　　　　　　　　　　B.农民的大货车

C.残疾人专用的手推轮椅车　　　　　D.商贩的平板手推车

8.下列有关车船税计税单位的表述，正确的有（　　　）。

A.客车以"辆"为计税单位

B.货车以"净吨位"为计税单位

C.三轮汽车以"整备质量"为计税单位

D.机动船舶以"载重吨位"为计税单位

三、判断题（判断正误，正确的打"√"，错误的打"×"）

1.车船税的征税范围分为车辆和船舶两大类。　　　　　　　　　　　　　（　　　）

2.车船的所有人或者管理人未缴纳车船税的，使用人应当代为缴纳车船税。（　　　）

四、计算题（要求列出计算步骤，运算得数精确到小数点后两位）

某公司2023年自有货车8辆（每辆整备质量7吨）、商用大客车2辆（均为12座）、小轿车10辆。已知商用大客车单位税额为650元/辆，商用货车单位税额为100元/吨，小轿车单位税额为400元/辆。

要求：计算该公司2023年应缴纳的车船税。

五、实训题

远顺渔业公司2023年拥有捕捞渔船5艘，每艘净吨位21吨；非机动驳船2艘，每艘净吨位10吨；机动补给船1艘，净吨位15吨；机动运输船10艘，每艘净吨位7吨。机动船舶净吨位小于等于200吨的，车船税适用的年税额为每吨3元。

要求：计算该公司2023年应缴纳的车船税，并填制财产和行为税纳税申报表及附表（见表6-1和表6-2）。

参考答案

任务6.7 契税的计算与智能申报

重点难点

1.契税的概念、种类、征税对象、税率。
2.契税应纳税额的计算和纳税申报。

学习指导

1.通过练习，理解并掌握契税的基本概念。契税以发生转移的不动产，即土地和房屋为征税对象，具有财产转移课税性质。土地、房屋产权未发生转移的，不征契税。契税由承受人纳税，即买方纳税。

2.结合实例，根据填表说明及表内关系，掌握财产和行为税纳税申报表的填报。

同步练习

一、单项选择题（在每小题列出的四个选项中，只有一项符合题目要求，请将符合题目要求的选项选出）

1.房屋赠与缴纳契税的计税依据是（   ）。

A.协定价格　　　　B.不征契税　　　　C.市场价格　　　　D.评估定价

2.以下不属于契税的征税范围的是（   ）。

A.房屋赠与　　　　　　　　　　　B.以获奖方式取得房屋

C.房屋出租　　　　　　　　　　　D.转让土地使用权

3.以下有关契税的说法，正确的是（　　　　）。

A.等价房屋交换双方都需要缴纳契税

B.不等价交换房屋由收到差价方支付契税

C.不等价交换房屋由支付差价方支付契税

D.李某获奖一套房屋，由于未支付价款而无须缴纳契税

4.下列各项中，不属于契税的征税对象的是（　　　　）。

A.国有土地使用权出让　　　　　　　　B.国有土地使用权交换

C.出售国有土地使用权　　　　　　　　D.农村集体土地承包经营权转移

5.下列各项中，以差额作为契税计税依据的是（　　　　）。

A.国有土地使用权出让　　　　　　　　B.土地使用权出售

C.房屋买卖　　　　　　　　　　　　　D.房屋交换

二、多项选择题（在每小题列出的四个选项中，有两项或两项以上符合题目要求，请将符合题目要求的选项选出）

1.甲、乙双方发生房屋交换行为，甲方支付差价5万元。下列有关契税缴纳的说法，不正确的有（　　　　）。

A.由甲方缴纳契税　　　　　　　　　　B.由乙方缴纳契税

C.由甲、乙双方各缴纳一半契税　　　　D.甲、乙双方都不缴纳契税

2.契税的征税对象应具备的基本前提包括（　　　　）。

A.转移的客体是土地使用权和房屋所有权

B.权属客体必须发生转移

C.发生经济利益关系

D.农村集体土地承包经营权的转让

3.契税的征税范围包括（　　　　）。

A.国有土地使用权出让　　　　　　　　B.国有土地使用权转让

C.房屋出租　　　　　　　　　　　　　D.房屋交换

4.契税的计税依据有（　　　　）。

A.房屋成交价格　　B.房屋租金　　　　C.房屋余值　　　　D.房屋交换的差额

5.下列各项中，可以享受契税免税优惠的有（　　　　）。

A.李教授获奖商品房一套

B.军队承受房屋用于军事设施

C.王女士继承其父母的房屋

D.市民李某按规定第一次购买公有住房

三、判断题（判断正误，正确的打"√"，错误的打"×"）

1.契税的纳税人是在中国境内承受土地、房屋权属转移的单位和个人。（　　　）

2.契税的征税范围不包括农村。（　　　）

四、计算题（要求列出计算步骤，运算得数精确到小数点后两位）

李某2023年将一栋私有房屋出售给王某，成交价格为80万元。李某另将一处三室住房与张某交换成两处两室住房，张某支付换房差价款5万元。已知当地契税税率

为3%。

要求：分别计算李某、王某、张某应缴纳的契税。

五、实训题

居民李东2023年购置了一套价值100万元的新住房，同时对原有的两套住房处理如下：一套出售给居民丁城，成交价格50万元；另一套市场价格80万元的住房与居民王强进行等价交换。假定当地省政府规定的契税税率为4%。

要求：计算李东应缴纳的契税，并填制财产和行为税纳税申报表及附表（见表6-1和表6-2）。

参考答案

任务6.8　印花税的计算与智能申报

重点难点

1.印花税的概念、种类、征税对象、税率。
2.印花税应纳税额的计算和纳税申报。

学习指导

1.通过练习，理解并掌握印花税的基本概念。印花税是对在我国境内书立应税凭证、进行证券交易的单位和个人征收的一种税。其征收范围包括合同、产权转移书据、营业账簿和证券交易。

2.结合实例，根据填表说明及表内关系，掌握财产和行为税纳税申报表的填报。

同步练习

一、单项选择题（在每小题列出的四个选项中，只有一项符合题目要求，请将符合题目要求的选项选出）

1.书立经济合同中，印花税的纳税人是（　　）。

A.当事人　　　　　B.担保人　　　　　C.证人　　　　　D.鉴定人

2.某企业2023年向汽车运输公司租入载重汽车4辆，双方签订的租赁合同中规定，4辆载重汽车的总价值为200万元，租期半年，每月租金1.8万元。该企业2023年应缴纳的印花税为（　　　）。

 A.200元   B.108元   C.182元   D.218元

 3.证券交易印花税的纳税人是（　　　）。

 A.受让方   B.出让方

 C.受让方和出让方   D.证券交易机构

 4.专利权转让合同应按照（　　　）缴纳印花税。

 A.技术合同   B.借款合同

 C.产权转移书据   D.权利许可证照

 5.下列关于印花税的征收管理的说法，不正确的是（　　　）。

 A.纳税义务发生时间为纳税人书立应税凭证或者完成证券交易的当日

 B.纳税义务发生时间为纳税人书立应税凭证或者完成证券交易的次日

 C.印花税按季、按年或者按次计征

 D.不动产产权发生转移的纳税地点为不动产所在地主管税务机关

 6.甲企业将货物卖给乙企业，双方订立了购销合同，丙企业作为该合同的担保人，丁先生作为证人，戊单位作为鉴定人，则该购销合同印花税的纳税人是（　　　）。

 A.甲企业和乙企业

 B.甲企业、乙企业和戊单位

 C.甲企业、乙企业和丙企业

 D.甲企业、乙企业、丙企业、丁先生和戊单位

 7.某电厂与某水运公司签订一份运输保管合同，合同载明的费用为500 000元（运费和保管费未分别记载）。货物运输合同的印花税税率为0.3‰，仓储保管合同的印花税税率为1‰，该合同双方各应缴纳的印花税为（　　　）。

 A.500元   B.250元   C.375元   D.1 000元

 8.下列凭证不属于免征印花税范围的是（　　　）。

 A.应税凭证的副本或者抄本

 B.无息或者贴息借款合同

 C.个人与电子商务经营者订立的电子订单

 D.企业之间书立的确定买卖关系、明确买卖双方权利和义务的订单及要货单

 二、多项选择题（在每小题列出的四个选项中，有两项或两项以上符合题目要求，请将符合题目要求的选项选出）

 1.下列选项中，应征收印花税的有（　　　）。

 A.应税合同   B.产权转移书据

 C.营业账簿   D.证券交易

 2.营业账簿的印花税的计税依据包括（　　　）。

 A.注册资本   B.盈余公积

 C.资本公积   D.实收资本

 3.下列各项凭证中，应征收印花税的有（　　　）。

 A.分包或转包合同   B.会计咨询合同

C.土地使用权出让合同　　　　　　　D.财政贴息贷款合同

4.下列各项中，应按"产权转移书据"税目征收印花税的有（　　　）。

A.商品房销售合同　　　　　　　　　B.土地使用权转让合同

C.商品销售合同　　　　　　　　　　D.商标专用权转让书据

5.下列合同中，适用3‰的印花税税率的有（　　　）。

A.承揽合同　　　　　　　　　　　　B.运输合同

C.建设工程合同　　　　　　　　　　D.技术合同

三、判断题（判断正误，正确的打"√"，错误的打"×"）

1.未履行的应税合同、产权转移书据，其中已缴纳的印花税不予退还及抵缴税款。

（　　　）

2.同一应税凭证由两方以上当事人书立的，按照各自涉及的金额分别计算应纳税额。

（　　　）

3.已缴纳印花税的营业账簿，以后年度记载的实收资本（股本）、资本公积合计金额比已缴纳印花税的实收资本（股本）、资本公积合计金额增加的，按照增加部分计算应纳税额。

（　　　）

四、计算题（要求列出计算步骤，运算得数精确到小数点后两位）

2023年第三季度，某企业与某运输公司签订了两份运输保管合同：第一份合同载明运输费用为600 000元；第二份合同载明运输费用为200 000元、保管费为100 000元。

要求：分别计算该企业两份合同应缴纳的印花税。

五、实训题

长宏公司在2023年第四季度与其他企业订立专有技术使用权转让书据1件，所载金额为50万元；订立产品购销合同3份，所载金额为150万元；订立借款合同1份，所载金额为60万元。

要求：计算该公司应缴纳的印花税，并填制财产和行为税纳税申报表及附表（见表6-1和表6-2）。

参考答案

任务6.9　车辆购置税的计算与智能申报

重点难点

1.车辆购置税的概念、种类、征税对象、税率。

2.车辆购置税应纳税额的计算和纳税申报。

学习指导

1.通过练习，理解并掌握车辆购置税的基本概念。在中华人民共和国内购买、进口、自产、受赠、获奖或者以其他方式取得并自用应税车辆的单位和个人，均应缴纳车辆购置税。其征收范围包括汽车、有轨电车、挂车、排气量超过150毫升的摩托车。

2.结合实例，根据填表说明及表内关系，掌握财产和行为税纳税申报表的填报。

同步练习

一、单项选择题（在每小题列出的四个选项中，只有一项符合题目要求，请将符合题目要求的选项选出）

1.纳税人进口自用的应税车辆的计税价格为（　　　）。

A.关税完税价格＋关税＋消费税　　　　　B.关税完税价格＋关税＋增值税

C.关税完税价格＋关税　　　　　　　　　D.关税完税价格＋消费税

2.下列车辆不需要征收车辆购置税的是（　　　）。

A.有轨电车　　　　B.消防部门警车　　　C.汽车挂车　　　　D.小轿车

3.现行车辆购置税的税率为（　　　）。

A.3%　　　　　　　B.5%　　　　　　　　C.10%　　　　　　　D.15%

4.购买自用应税车辆的，应当自购买之日起（　　　）内申报缴纳车辆购置税。

A.30日　　　　　　B.60日　　　　　　　C.7日　　　　　　　D.15日

5.纳税人购买自用应税车辆的计税价格，不包括（　　　）。

A.全部价款　　　　B.价外费用　　　　　C.增值税　　　　　　D.消费税

二、多项选择题（在每小题列出的四个选项中，有两项或两项以上符合题目要求，请将符合题目要求的选项选出）

1.下列各项中，属于车辆购置税的应税行为的有（　　　）。

A.购买使用行为　　　　　　　　　　　　B.进口使用行为

C.受赠使用行为　　　　　　　　　　　　D.获奖使用行为

2.下列各项中，属于车辆购置税的征税范围的有（　　　）。

A汽车　　　　　　　　　　　　　　　　B有轨电车

C汽车挂车　　　　　　　　　　　　　　D排气量超过150毫升的摩托车

3.下列业务中，应缴纳车辆购置税的有（　　　）。

A.购买应税车辆并自用　　　　　　　　　B.进口应税车辆并自用

C.自产应税车辆并自用　　　　　　　　　D.获奖应税车辆并自用

三、判断题（判断正误，正确的打"√"，错误的打"×"）

1.车辆购置税实行一次性征收。　　　　　　　　　　　　　　　　　（　　　）

2.自产自用的车辆无须缴纳车辆购置税。　　　　　　　　　　　　　（　　　）

四、计算题（要求列出计算步骤，运算得数精确到小数点后两位）

2023年10月，王华从广汽丰田汽车有限公司购买一辆小汽车供自己使用，支付价款120 910元（含增值税），并取得机动车销售统一发票和有关票据。

要求：计算王华应缴纳的车辆购置税。

五、实训题

2023年11月，李某从某销售公司（增值税一般纳税人）购买轿车一辆供自己使用，支付价款221 000元（含增值税），另支付工具件和零配件含税价款1 000元、车辆装饰费4 000元，支付的各项价款均由该销售公司统一开具普通发票。

要求：计算李某应缴纳的车辆购置税，并填制车辆购置税纳税申报表（见表6-3）。

表6-3　　　　　　　　　　　**车辆购置税纳税申报表**

填表日期：　　年　月　日　　　　　　　金额单位：元（列至角分）

纳税人名称		申报类型	□征税　□免税　□减税	
证件名称		证件号码		
联系电话		地址		
合格证编号（货物进口证明书号）		车辆识别代号/车架号		
厂牌型号				
排量（cc）		机动车销售统一发票代码		
机动车销售统一发票号码		不含税价		
海关进口关税专用缴款书（进出口货物征免税证明）号码				
关税完税价格		关税	消费税	
其他有效凭证名称		其他有效凭证号码	其他有效凭证价格	
购置日期		申报计税价格	申报免（减）税条件或者代码	
是否办理车辆登记		车辆拟登记地点		
纳税人声明：本纳税申报表是根据国家税收法律法规及相关规定填报的，我确定它是真实的、可靠的、完整的。 　　　　　　　　　　　　　　纳税人（盖章）：　　年　月　日				
委托声明： 现委托（姓名）_____（证件号码）_____办理车辆购置税涉税事宜，提供的凭证、资料是真实的、可靠的、完整的。任何与本申报表有关的往来文件，都可交予此人。 委托人（签章）：　　　　　　被委托人（签章）：				

续表

以下由税务机关填写					
免（减）税条件代码					
计税价格	税率	应纳税额	免（减）税额	实纳税额	滞纳金金额
受理人： 　　年　月　日		复核人（适用于免、减税申报）： 　　年　月　日		主管税务机关（章）	

参考答案

任务6.10　环境保护税的计算与智能申报

重点难点

1.环境保护税的概念、种类、征税对象、税率。

2.环境保护税应纳税额的计算和纳税申报。

学习指导

1.通过练习，理解并掌握环境保护税的基本概念。环境保护税是对在中国领域和中国管辖的其他海域，直接向环境排放应税污染物的企业、事业单位和其他生产经营者征收的一种税。其征收范围包括大气污染物、水污染物、固体废物、噪声。

2.结合实例，根据填表说明及表内关系，掌握财产和行为税纳税申报表的填报。

同步练习

一、单项选择题（在每小题列出的四个选项中，只有一项符合题目要求，请将符合题目要求的选项选出）

1.下列项目中，应缴纳环境保护税的是（　　）。

A.直接向环境排放应税污染物的

B.向依法设立的污水集中处理场所排放应税污染物的

C.向依法设立的生活垃圾集中处理场所排放应税污染物的

D.在符合国家环境保护标准的设施、场所贮存或者处置固体废物的

2.每一排放口的应税大气污染物，按照污染当量数从大到小排序，对（　　）征收环境保护税。

A.前三项污染物

B.后三项污染物

C.前五项污染物

D.后五项污染物

3.环境保护税实行的征收办法是（　　）。

A.从价征收　　　　　　　　　　　B.从量征收

C.从量从价征收　　　　　　　　　D.折价征收

二、多项选择题（在每小题列出的四个选项中，有两项或两项以上符合题目要求，请将符合题目要求的选项选出）

1.环境保护税的征税范围包括（　　）。

A.应税大气污染物　　　　　　　　B.应税水污染物

C.应税固体废物　　　　　　　　　D.应税噪声

2.下列关于应税水污染物环境保护税征收项数的说法，正确的有（　　）。

A.对第一类水污染物按照前三项征收环境保护税

B.对第一类水污染物按照前五项征收环境保护税

C.对其他类水污染物按照前三项征收环境保护税

D.对其他类水污染物按照前五项征收环境保护税

3.下列关于环境保护税的计税依据的说法，正确的有（　　）。

A.应税大气污染物按照污染物排放量折合的污染当量数确定

B.应税水污染物按照污染物排放量折合的污染当量数确定

C.应税固体废物按照固体废物的排放量确定

D.应税噪声按照国家规定标准的分贝数确定

三、判断题（判断正误，正确的打"√"，错误的打"×"）

1.应税大气污染物、水污染物的污染当量数，以该污染物的排放量乘以该污染物的污染当量值计算。　　　　　　　　　　　　　　　　　　　　　　　　　　　（　　）

2.应税噪声按照超过国家规定标准的分贝数确定。　　　　　　　　　　（　　）

3.环境保护税纳税义务发生时间为纳税人排放应税污染物的当日。　　（　　）

四、计算题（要求列出计算步骤，运算得数精确到小数点后两位）

某企业2023年11月份向水体直接排放第一类水污染物总汞、总镉、总铬、总砷、总铅、总银各10千克，水污染物的每污染当量税额按最低标准1.4元计算。

要求：计算该企业水污染物应缴纳的环境保护税。

五、实训题

红山矿业公司2023年12月份产生尾矿2 000吨。其中，综合利用的尾矿600吨（符

合国家和地方环境保护标准），尾矿适用税额按每吨15元计算。

要求：计算该企业尾矿应缴纳的环境保护税，并填制财产和行为税纳税申报表（见表6-1和表6-2）。

参考答案

任务6.11　城市维护建设税和教育费附加的计算与智能申报

重点难点

1.城市维护建设税的概念、种类、征税对象、税率。
2.城市维护建设税应纳税额的计算和纳税申报。

学习指导

1.通过练习，理解并掌握城市维护建设税和教育费附加的基本概念。城市维护建设税是对缴纳增值税、消费税的单位和个人征收的一种税。教育费附加是对缴纳增值税和消费税的单位和个人，就其实际缴纳的"两税"税额为计算依据征收的一种附加费。

2.结合实例，根据填表说明及表内关系，掌握附加税费申报表的填报。

同步练习

一、单项选择题（在每小题列出的四个选项中，只有一项符合题目要求，请将符合题目要求的选项选出）

1.下列对城市维护建设税的表述，不正确的是（　　）。

A.城市维护建设税是一种附加税

B.税款专门用于城市的公共事业和公共设施的维护建设

C.城市维护建设税征税范围广泛

D.海关对进口产品代征增值税、消费税、城市维护建设税

2.现行教育费附加的征收率为（　　）。

A.7%　　　　　　　　　　　　　B.3%

C.1%　　　　　　　　　　　　　D.5%

3.下列不属于教育费附加的征税范围的是（　　）。

A.城市　　　　　　　　　　　　B.县城

C.工矿区　　　　　　　　　　　D.农村

4.A企业设立于县城，计算缴纳城市维护建设税适用的税率是（　　　　）。

A.7%　　　　　　　　　　　　B.5%

C.3%　　　　　　　　　　　　D.1%

5.甲生产企业地处市区，2023年11月份实际缴纳增值税28万元，当月委托位于县城的乙企业加工应税消费品，乙企业代收代缴消费税15万元。甲企业当月应缴纳的城市维护建设税（含代收代缴税款）为（　　　　）。

A.1.96万元　　　　　　　　　　B.0.75万元

C.2.71万元　　　　　　　　　　D.1.31万元

6.位于市区的某企业2023年12月份缴纳增值税、消费税和关税共计562万元。其中，关税102万元、进口环节缴纳的增值税和消费税260万元。该企业当月应缴纳的城市维护建设税为（　　　　）。

A.14万元　　　　　　　　　　B.18.20万元

C.32.20万元　　　　　　　　　D.39.34万元

7.位于某市的甲地板厂为外商投资企业，2023年11月份购进一批木材，取得的增值税专用发票上注明不含税价款为800 000元，当月委托位于县城的乙工厂将木材加工成实木地板，支付不含税加工费150 000元。乙工厂11月份交付50%的实木地板，12月份完工交付剩余部分。已知实木地板的消费税税率为5%，乙工厂11月份应代收代缴的城市维护建设税为（　　　　）。

A.1 250元　　　　　　　　　　B.1 750元

C.2 500元　　　　　　　　　　D.3 500元

8.位于县城的甲企业2023年11月份实际缴纳增值税350万元（其中，进口环节增值税50万元）、消费税530万元（其中，由位于市区的乙企业代收代缴消费税30万元）。甲企业11月份应向所在县城税务机关缴纳的城市维护建设税为（　　　　）。

A.40万元　　　　　　　　　　B.41.50万元

C.42.50万元　　　　　　　　　D.44万元

9.位于市区的某内资生产企业为增值税一般纳税人，2023年12月份实际缴纳增值税45万元。另外，该企业缴纳进口货物的增值税17万元、消费税30万元。该企业12月份应缴纳的城市维护建设税为（　　　　）。

A.2.80万元　　　　　　　　　　B.3.15万元

C.4.60万元　　　　　　　　　　D.6.09万元

10.某市一企业2023年10月份被查补缴增值税50 000元、消费税20 000元、所得税30 000元，被加收滞纳金2 000元，被处罚款8 000元。该企业10月份应补缴的城市维护建设税及教育费附加共计（　　　　）。

A.5 000元　　　　　　　　　　B.7 000元

C.8 000元　　　　　　　　　　D.10 000元

二、多项选择题（在每小题列出的四个选项中，有两项或两项以上符合题目要求，请将符合题目要求的选项选出）

1.下列关于城市维护建设税、教育费附加和地方教育附加的说法，正确的有（　　）。

A.城市维护建设税有三档的地区差别比例税率，分别为7%、5%、1%

B.教育费附加和地方教育附加的征收率分别为3%、2%

C.城市维护建设税、教育费附加、地方教育附加的计征依据相同，均为实缴的增值税与消费税之和

D.城市维护建设税、教育费附加、地方教育附加均能在企业所得税前据实扣除

2.下列各项中，属于城市维护建设税的征税范围的有（　　）。

A.城市

B.县城

C.镇

D.其他缴纳"两税"的地区

3.下列项目中，不得作为城市维护建设税及教育费附加的计税依据的有（　　）。

A.进口货物缴纳的增值税税款

B.因漏缴增值税而缴纳的滞纳金

C.因漏缴增值税而缴纳的罚款

D.补缴的消费税税款

4.下列各项中，属于教育费附加的征税范围的有（　　）。

A.城市

B.县城

C.建制镇及工矿区

D.海关

5.下列关于城市维护建设税的计税依据的表述，正确的有（　　）。

A.免征"两税"时，纳税人应同时免征城市维护建设税

B.对出口产品退还增值税的，不退还已缴纳的城市维护建设税

C.查补"两税"时，纳税人应同时对查补的"两税"补缴城市维护建设税

D.纳税人违反"两税"有关规定而被加收的滞纳金，应作为城市维护建设税的计税依据

6.下列关于城市维护建设税的纳税地点的表述，正确的有（　　）。

A.无固定纳税地点的个人，为户籍所在地

B.代收代缴"两税"的单位，为税款代收地

C.代扣代缴"两税"的个人，为税款代扣地

D.无固定纳税地点的个人，为经营地

7.以下关于城市维护建设税和教育费附加的说法，正确的有（　　）。

A.城市维护建设税及教育费附加随增值税、消费税分别在销售、进口等环节缴纳

B.对外商投资企业、外国企业及外籍个人征收城市维护建设税及教育费附加

C.代扣代缴"两税"的，按照扣缴义务人所在地适用税率计算缴纳城市维护建设税

D.代扣代缴"两税"的，在按规定扣缴城市维护建设税的同时，应扣缴教育费附加

8.下列关于城市维护建设税的减免税规定的表述，正确的有（　　　）。

A.城市维护建设税随"两税"的减免而减免

B.对国家重大水利工程建设基金免征城市维护建设税

C.对由海关代征的进口产品增值税和消费税，应减半征收城市维护建设税

D.因减免税而对"两税"进行退库的，可同时对已征收的城市维护建设税实施退库

9.下列行为中，需要缴纳城市维护建设税、教育费附加和地方教育附加的有（　　　）。

A.政府机关出租房屋的行为

B.企业购买房屋的行为

C.油田开采天然原油并销售的行为

D.企业将土地使用权转让给农业生产者用于农业生产的行为

10.以下关于城市维护建设税、教育费附加和地方教育附加的说法，正确的有（　　　）。

A.对出口产品退还增值税、消费税的，应同时退还已缴纳的城市维护建设税

B.进口环节代征增值税的，也要代征教育费附加和地方教育附加

C.对出口产品退还增值税、消费税的，不退还已征的教育费附加

D.纳税人直接缴纳"两税"的，在缴纳"两税"地缴纳城市维护建设税

三、判断题（判断正误，正确的打"√"，错误的打"×"）

1.城市维护建设税按纳税人所在地不同，适用的税率不同。　　　　　　（　　　）

2.教育费附加的纳税地点、纳税环节、纳税期限与城市维护建设税相同。（　　　）

四、计算题（要求列出计算步骤，运算得数精确到小数点后两位）

甲企业设立在某县城，2023年11月份实际缴纳增值税35万元、消费税10万元。

要求：计算甲企业应缴纳的城市维护建设税及教育费附加。

五、实训题

见任务2.3实训题一。

要求：计算该厂应缴纳的城市维护建设税及教育费附加，并填制增值税及附加税费申报表（一般纳税人适用）及附列资料（见表2-1、表6-4）。

表6-4

增值税及附加税费申报表（一般纳税人适用）附列资料（五）

（附加税费情况表）

税款所属时间： 年 月 日至 年 月 日　　　　　　　　　　　　　　　　　　　金额单位：元（列至角分）

纳税人名称：（公章）

本期是否适用小微企业"六税两费"减免政策 □是□否　　□个体工商户□小型微利企业

税（费）种		计税（费）依据			税（费）率(%)	本期应纳税（费）额	减免政策						本期已缴税（费）额	本期应补（退）税（费）额
							适用减免政策起止时间		减免政策适用主体					
									小微企业"六税两费"减免政策			试点建设培育产教融合型企业		
		增值税税额	增值税免抵税额	留抵退税本期扣除额					本期减免税（费）额		减征比例(%)	减征额	减免性质代码	本期抵免金额
									减免性质代码	减免税（费）额				
		1	2	3	4	5=(1+2-3)×4			6	7	8	9=(5-7)×8	10	11	12	13=5-7-9-11-12
城市维护建设税	1														
教育费附加	2														
地方教育附加	3														
合计	4	—	—	—	—				—		—		—	—	

本期是否适用试点建设培育产教融合型企业抵免政策 □是□否

当期新增投资额	5
上期留抵可抵免金额	6
结转下期可抵免金额	7

可用于扣除的增值税留抵税额使用情况

当期新增可用于扣除的留抵税额	8
上期结存可用于扣除的留抵税额	9
结转下期可用于扣除的留抵税额	10

参考答案

任务6.12　关税的计算与智能申报

重点难点

1.关税的概念、种类、征税对象、税率。

2.关税应纳税额的计算和纳税申报。

学习指导

1.通过练习，理解并掌握关税的基本概念。关税是海关依法对进出境货物和物品征收的一种税。关税从不同角度可以分为若干类别。

2.结合实例，根据填表说明及表内关系，掌握纳税申报表的填报。

同步练习

一、单项选择题（在每小题列出的四个选项中，只有一项符合题目要求，请将符合题目要求的选项选出）

1.下列关于关税的概念和特点的解释，正确的是（　　　）。

A.关税的完税价格包括关税

B.在境内和境外流通的货物，不进出关境的须征关税

C.关税是多环节的价内税

D.关税是对进出境货物和物品征收

2.下列项目中，不属于关税的征税对象的是（　　　）。

A.从国外进口的设备　　　　　　　　B.入境旅客随身携带的行李物品

C.企业出口的设备　　　　　　　　　D.国家禁止出口的物品

3.根据《中华人民共和国海关法》的规定，对进出口货物的完税价格，海关审定的基础是进出口货物的（　　　）。

A.到岸价格　　　　B.申报价格　　　　C.实际成交价格　　　D.离岸价格

4.进口货物完税价格是指（　　　）。

A.以成交价格为基础的完税价格　　　　B.以到岸价格为基础的完税价格

C.组成计税价格　　　　　　　　　　D.实际支付金额

5.关税纳税人因为不可抗力或者在国家税收政策调整的情形下，不能按期缴纳关税税款的，经海关总署批准可以延期缴纳税款，但最长不得超过（　　　）。

A.30日　　　　　B.3个月　　　　　C.6个月　　　　　D.1年

6.某企业海运进口一批货物，海关审定货价折合人民币5 000万元，运抵境内输入地点起卸前的运费折合人民币18万元、保险费2万元，该批货物的进口关税税率为5%，则该企业应缴纳的关税为（　　　）。

A.250万元　　　B.251.75万元　　C.251万元　　　D.260万元

7.进口货物自运输工具申报进境之日起（　　　）内，应由进出口货物的纳税人向货物进出境地海关申报。

A.14日　　　　　B.15日　　　　　C.24小时　　　　D.36小时

8.依据《中华人民共和国海关法》的有关规定，下列费用中不得计入进口货物关税完税价格的是（　　　）。

A.货价　　　　　　　　　　　　B.境外运费
C.由买方负担的包装费　　　　　　D.由买方负担的购货佣金

二、多项选择题（在每小题列出的四个选项中，有两项或两项以上符合题目要求，请将符合题目要求的选项选出）

1.按征收目的划分，关税可以分为（　　　）。

A.财政关税　　　B.成本关税　　　C.保护关税　　　D.协作关税

2.根据税法的规定，下列各项属于关税的纳税人的有（　　　）。

A.进口货物收货人　　　　　　　B.出口货物发货人
C.携带物品进境的入境人员　　　D.进口货物的代理人

3.下列属于进口关税的计征方法的有（　　　）。

A.从价税　　　　B.从量税　　　　C.复合税　　　　D.滑准税

4.下列各项中，应计入进口货物关税完税价格的有（　　　）。

A.由买方负担的购货佣金
B.由买方负担的境外包装材料费用
C.由买方负担的境外包装劳务费用
D.由买方负担的与进口货物视为一体的容器费用

5.下列能独立区分的项目，不计入进口货物关税完税价格的有（　　　）。

A.机械进口后的维修费
B.货物运抵境内输入地点前的运输费
C.进口关税
D.进口消费税

三、判断题（判断正误，正确的打"√"，错误的打"×"）

1.存在自由港的国家，通常国境大于关境。　　　　　　　　　　（　　　）
2.我国关税的征税对象是进出国境或关境的货物和物品。　　　　（　　　）

四、计算题（要求列出计算步骤，运算得数精确到小数点后两位）

某企业2023年11月份从境外进口一批生产材料，材料价款折合人民币20万元，支付包装费1万元，向自己的采购代理人支付佣金0.5万元，该货物运抵中国境内输入地点起卸前发生运费3万元、保险费2万元，从海关运往企业所在地发生运费0.2万元，已知关税税率为10%。

要求：请计算该企业在进口这批材料时应缴纳的关税。

参考答案

任务6.13　社保和住房公积金计算与智能申报

重点难点

1.社保和住房公积金的概念、种类、缴费比例。
2.社保和住房公积金的缴纳流程。

学习指导

1.通过练习，理解并掌握社保和住房公积金的概念、种类、缴费比例。
2.掌握社保和住房公积金的缴纳流程。

同步练习

一、单项选择题（在每小题列出的四个选项中，只有一项符合题目要求，请将符合题目要求的选项选出）

1."五险一金"中的"一金"是指（　　）。

A.抚恤金　　　　B.退休金　　　　C.养老金　　　　D.住房公积金

2.到医院看门诊或住院，要用到的保险险种是（　　）。

A.养老保险　　　B.医疗保险　　　C.失业保险　　　D.生育保险

3.在我国，用人单位须缴费而个人不缴费的险种是（　　）。

A.养老保险　　　　　　　　B.医疗保险

C.失业保险　　　　　　　　D.工伤保险和生育保险

4.职工因工作遭受事故伤害或者患职业病需要暂停工作接受工伤医疗的，在停工留薪期内，原工资福利待遇不变，支付单位是（   ）。

    A.医疗服务机构   B.用人单位

    C.社会保险机构   D.医药机构

    5.住房公积金缴存比例为（   ）。

    A.最低为缴存基数的5%，最高为12%

    B.最低为缴存基数的3%，最高为10%

    C.最低为缴存基数的2%，最高为8%

    D.最低为缴存基数的8%，最高为20%

二、多项选择题（在每小题列出的四个选项中，有两项或两项以上符合题目要求，请将符合题目要求的选项选出）

    1.在我国的"五险一金"中，由企业和个人共同缴纳保费的有（   ）。

    A.养老保险   B.医疗保险

    C.失业保险   D.生育保险和工伤保险

    2.失业保险缴费基数与养老保险缴费基数相同，失业保险缴费比例为（   ）。

    A.用人单位2%   B.员工个人1%

    C.用人单位0.2%   D.员工个人0.1%

    3.个人所得税中的专项扣除是指（   ）。

    A.养老保险   B.医疗保险   C.失业保险   D.工伤保险

    4.根据《中华人民共和国个人所得税法》的规定，专项附加扣除包括（   ）。

    A.3岁以下婴幼儿照护   B.子女教育

    C.赡养老人   D.住房公积金

    5.社保缴费方式可以选择多种方式，包括（   ）。

    A.三方协议缴费   B.联行缴费

    C.银行端凭证缴款   D.自助终端缴款

    6.社保自助服务终端的操作人必须是（   ）。

    A.企业的法定代表人   B.财务负责人

    C.办税人员   D.收款员

三、判断题（判断正误，正确的打"√"，错误的打"×"）

    1.工伤保险需要劳动者履行缴纳费用的义务才能够享受获得保险赔偿的权利。

                                                   （   ）

    2.工伤保险的根本任务是保障职工生活，保护职工的健康，促进社会安定和社会生产力发展。   （   ）

    3.失业保险的对象是具有劳动能力，在法定劳动年龄期间，因暂时失去工作而中断收入的人。   （   ）

参考答案

主要参考文献

［1］中国注册会计师协会. 税法——2023年度注册会计师全国统一考试辅导教材［M］. 北京：中国财政经济出版社，2023.

［2］张敏. 纳税实务［M］. 大连：东北财经大学出版社，2021.

［3］张卫平，鲁靖文. 税法［M］. 5版. 大连：东北财经大学出版社，2023.

［4］张瑞珍. 纳税实务［M］. 4版. 北京：人民邮电出版社，2019.

教学视频1：全电发票培训视频

教学视频2：新版电子税务局增值税发票勾选认证流程操作演示

教学视频3：增值税一般纳税人申报视频演示

教学视频4：增值税小规模纳税人申报视频演示